Rudolf Wustmann

Verba perfektiva namentlich im Heliand

Ein Beitrag zum Verständnis der germanischen Verbalkomposition

Rudolf Wustmann

Verba perfektiva namentlich im Heliand

Ein Beitrag zum Verständnis der germanischen Verbalkomposition

ISBN/EAN: 9783743331167

Hergestellt in Europa, USA, Kanada, Australien, Japan

Cover: Foto ©Thomas Meinert / pixelio.de

Manufactured and distributed by brebook publishing software (www.brebook.com)

Rudolf Wustmann

Verba perfektiva namentlich im Heliand

VERBA PERFEKTIVA

NAMENTLICH IM HELIAND

EIN BEITRAG

ZUM VERSTÄNDNIS DER GERMANISCHEN

VERBALKOMPOSITION

VON

RUDOLF WUSTMANN

LEIPZIG

FR. WILH. GRUNOW

1894

Inhaltsübersicht.

Einleitung. Perfektiva im nhd. S. 1 — Das Akkusativobjekt; Wunderlich S. 5 — Perfektiva im gotischen; Streitberg S. 14 — Entstehung der Perfektivität, Ingressiva und Perfektiva S. 18 — Perfektiva im Heliand? S. 22.

I. Präfixe. gi ge S. 27 — a S. 31 — for far S. 33 — af S. 36 — ant S. 39 — an S. 41 — bi be S. 44 — ti te, thurh, undar, undar S. 47.

II. Aktionsarten des Verbums im Heliand. Perfektive Komposita S. 50 — Perfektive Simplizia S. 79 — Simplicia durativa S. 85.

III. Syntaktische Beziehungen. gi im Partizip Präteriti; seine Verblassung S. 87 — Das Perfektivum zur Bezeichnung der zukünftigen Handlung: a) im gotischen S. 89 — b im Heliand, v. d. Ven S. 90 — Das Futurum im Heliand S. 92 — Perfektiva in gewissen Nebensätzen S. 94.

Einleitung.

Jakob Grimm hat am Schlusse der Vorrede zu seiner Verdeutschung von Wuk Stephanowitschs serbischer Grammatik zuerst[1] darauf hingewiesen, dass sich auch in der deutschen Sprache Spuren eines grossen Bedeutungsunterschieds der Zeitwörter auffinden liessen, der die ganze slavische Sprache durchdringt, des Unterschiedes zwischen perfektiven und imperfektiven Verben. Perfektiv nennt man mit einem zunächst auf die slavische Spracheigentümlichkeit gemünzten Worte alle die Verba, deren Sinn die Erreichung eines Zieles in sich schliesst, gleichviel ob sie nur den Augenblick der Erreichung des Zieles bezeichnen (momentan-perfektiv) oder das Hinstreben auf ein Ziel bis zu dem Augenblick, wo es erreicht wird (durativ-perfektiv). Nur einige wenige Wörter aber tragen die Beziehung auf den Endpunkt der Handlung in ihrem Stamm, im Deutschen z. B. *werden*, das sowohl bei einer allmählichen Entwicklung bis zum Eintreten eines neuen Zustandes gebraucht werden

---

[1] Vgl. PBB XV, 77.

kann (durativ-perfektiv) wie für das augenblickliche Herausspringen des Neuen aus der Entwicklung (momentan-perfektiv), oder *bringen*, dessen Bedeutungskreis sich zum grossen Teil mit dem von »wohin tragen« deckt; die Hauptmenge der Perfektiva bilden im Deutschen vielmehr Verba komposita. Diese Komposita teilt man wieder in solche, bei denen die Vorsilbe an sich (materiell) bedeutungslos ist (absolute Perfektiva), und solche, wo sie dem Verbalbegriff einen materiellen Zuschuss liefert.

In der That fühlen wir bei dem Präfix, das im nhd. in erster Linie hier in Frage kommt, oft so gut wie nichts mehr von seiner ursprünglichen Bedeutung: mit er- sind wir (wir Obersachsen wenigstens) im Stande, zu den meisten Zeitwörtern ein Perfektivum zu bilden. Ich kann es nicht ermachen, klagt der vielbeschäftigte Handwerker, ich kann ihn nicht errufen, sagt, wer vergeblich mit seinem Rufen einen andern zu erreichen sucht, und wenn ich so lange gefragt habe, bis ich herausbekomme, wo einer wohnt, dann habe ich seine Wohnung erfragt. Bei diesem letzten Beispiele ist es nicht bei der blossen Perfektivirung geblieben: die Handlung ist eine Stufe darüber hinaus geführt worden. Denn mit »erfragen« ist nicht nur das »bis zu Ende fragen« gemeint, sondern die Erlangung eines geistigen Zieles, der Antwort, ist als unmittelbare Folge mit einbegriffen. Schon bei »errufen« liegt der Ansatz zu einer Verschiebung des Bedeutungskerns des Verbalbegriffs vor, während »ermachen« als absolutes Perfektiv zu machen bezeichnet werden kann: es unterscheidet sich von dem Simplex nur dadurch, dass es das Hauptgewicht nicht auf den Verbalbegriff an sich legt, sondern auf den Augenblick der Vollendung der in dem Stammwort bezeichneten Thätigkeit. Alle drei Beispiele aber liegen auf einer Linie; sie zeigen deutlich, wie gerade und kurz der Weg ist, der vom perfektiven zum resultativen Verbum hinüberführt.[1]

Als Beispiele für perfektive Komposita, deren Präfix einen materiellen Bedeutungszuwachs mit sich bringt, können die von Jakob Grimm angeführten zusammengesetzten Verba dienen: *versterben, verreisen, verbleiben, durchlesen.* Hier haftet überall — *verbleiben* ausgenommen, das aber wieder eine curialische Färbung hat — der Vorsilbe noch etwas von ihrer ursprünglichen Bedeutung an: *verreisen* ist »wegreisen« (*ver-* etwa = bei Seite), *durchlesen* bringt in der Präposition den Begriff des Durchlaufens von Anfang bis zu Ende mit. Um den Unterschied recht deutlich zu machen zwischen dem, was man absolute Perfektivität nennt, und solcher Perfektivität, die mit einem wenn auch noch so geringen in dem Präfix liegenden Bedeutungswandel verbunden ist, diene noch folgendes Beispiel. *Bleichen* heisst auf dem Wege des Bleichwerdens (oder Bleichmachens) begriffen sein (imperfektiv), *erbleichen* ist bleich werden und bezeichnet das Ende des Weges, den Augenblick, wo die Handlung abgeschlossen ist, und der Zustand des Bleichseins eintritt (farbloses Perfektiv, und zwar momentan-perfektiv), *verbleichen*

---

[1] Die Sache verlangt, zwischen diesen beiden Stufen zu scheiden; anders Streitberg, PBB. XV, 71: »die perfective actionsart, auch resultative a. geheissen«.

bringt die Bedeutung der schlimmen Richtung, des schlimmen Zieles mit sich: eine verblichene Farbe hat verloren, übertragen ist der Verblichene soviel wie der Tote (perfektiv [momentan-p.] mit Bedeutungsbeeinflussung). Das farblose Perfektiv zu *sterben* (s. o.) ist auch nicht *rersterben*, sondern eben *ersterben:* vom Gifte gepeinigt ruft Weislingen im Götz: Ich sterbe, sterbe, und kann nicht ersterben.

Wenn der Augenblick der Vollendung für den Begriff des perfektiven Verbums den Ausschlag giebt, so darf aber nicht übersehen werden, dass es neben den perfektiven Simplizien und Kompositen noch eine dritte Art perfektiver Verbalbegriffe giebt. Sie entsteht aus der Verbindung eines durativen Verbums mit einer adverbialen Bestimmung, die das Erreichen eines Zieles ausdrückt. *Gehen* bezeichnet die einfache Handlung an sich; perfektive Komposita dazu sind *vergehen* und — unter Umständen — *ergehen*; perfektivisch ist aber auch ein Ausdruck wie: *in die Kirche gehen*, ja er schliesst — infolge eines (mundartlichen?) weitherzigen Gebrauchs der Präposition *in* — eine merkwürdige Doppelheit in sich: er ist zugleich momentan-perfektiv und durativ-perfektiv, denn ich kann ebenso gut sagen »*ich gehe in die Kirche*«, wenn ich noch unterwegs bin, wie in dem Augenblick, wo ich durch die Kirchthüre eintrete. Das an sich unbegrenzte *Fahren* erhält ein Ziel, wird also perfektiv, wenn z. B. von einem *Fahren nach Rom* die Rede ist.

Ja, es wäre nur folgerichtig, jedes transitive Verbum perfektiv zu nennen, bei dem ein Aufhören, ein Unterbrechen der Thätigkeit zugleich den ganzen Begriff der Handlung negirt. *Ich baue ein Haus* kann ich nur im Hinblick auf den Abschluss meiner Thätigkeit, auf die Vollendung des Hauses sagen; wenn ich eher aufhörte, hätte ich eben kein Haus gebaut, sondern nur an einem Hause gebaut. Und da erklärt sich denn gleich eine merkwürdige Erscheinung: die perfektiven Komposita haben oft das Objekt im Akkusativ bei sich, während ihr Simplex einen derartigen Objektsakkusativ nicht kennt. Der Akkusativ tritt ja in allen indogermanischen Sprachen zum Verbum, wenn es eine völlige Bewältigung des Objekts zu bezeichnen gilt, im Gegensatz zum Genitiv des Objekts, der ausdrückt, dass der Verbalbegriff nicht von dem vollen Umfang des Objekts gilt, und zum Dativ des Objekts, ursprünglich dem Ziel einer sich hinneigenden Bewegung.[1] Πείθειν, *persuadeo* (zureden) haben so den

---

[1] Dieses »lokalistische« Hinneigen verwirft neuerdings Delbrück (Indog. Syntax I § 68) und meint, der Dativ bezeichne ursprünglich ein *gelten*. Aber alle syntaktischen Grundbegriffe und Grundvorstellungen müssen doch wohl lokaler Natur sein, so sicher wie alles Urdenken nur ein geistiges Sehen ist; können doch auch wir nur durch *Vorstellungen*, d. h. indem wir etwas *vor* unser Auge hin*stellen*, klar denken. Delbrück wehrt sich freilich geradezu gegen sinnliches Denken, ja er thut sich etwas drauf zu gute, sich »von einer allgemeinen(!) Vorliebe für lokalistisch gefärbte Erklärungen« frei zu wissen, »ich sehe mich daher bei der Entscheidung zwischen den beiden Möglichkeiten [geistig oder lokal?] lediglich auf eine Befragung der Überlieferung angewiesen. Diese aber scheint mir für die geistige Auffassung zu entscheiden.« Ich kann mir nicht helfen: was Delbrück hier »geistige Auffassung« nennt, ist mir unklare Auffassung. Er lehrt z. B., der Dativ bei *begegnen, sich nähern* sei kein Dativ des Zieles, sondern der Dativ »der beteiligten Personen«. Sind denn aber diese »beteiligten Personen« hier überhaupt anders vorstellbar als eben als Ziel?

Dativ, die perfektiven πεῖσαι, *persuadere* (überreden) den Akkusativ bei sich; ebenso ist eine perfektive Handlung *das Wasser trinken*, im Gegensatz zu der imperfektiven *des Wassers trinken*. Daher nun auch: bis zum achtzigsten Jahre leben, aber: das achtzigste Jahr erleben; nach der Krone greifen, aber: die Krone ergreifen; nach dem Geliebten (aus)blicken, aber: ihn erblicken. Überall hat hier — und ebenso in hundert anderen Fällen — der Begriff des Abschliessens der Thätigkeit, des Erreichens des Zieles zu der Transitivirung der Verba geführt: ein schönes Beispiel für Analogiewirkung in der Syntax.[1]

Diese Annahme eines inneren Zusammenhanges von perfektivirtem und transitivirtem Kompositum darf vielleicht, schon da sie neu ist, noch mit einigen Worten begründet werden, zumal aber, da erst jüngst aus wissenschaftlicher Feder eine Darstellung dieser Dinge geflossen ist, die ein ganz anderes Bild giebt: H. Wunderlich[2] trennt vollkommen die Präfixe als Mittel der Transitivirung und die Präfixe »als Mittel die zeitliche [?] Aktionsart zu wandeln«. Was die Transitivirung angeht, so lehrt er: »Von den eigentlichen Präfixen *be, ent, er, ge, ver* und *zu* [zer?] kam hier nur *be*,

---

[1] So erklären sich auch die Akkusative, die Delbrück (Indog. Syntax § 178) als germanische Richtungsakkusative aus dem ags. anführt: *ræste gestigan, selerceste gebeah, meregrund gefeoll* usw.; wohl auch seine altnordischen Beispiele für derartige Richtungsakkusative (z. B. *land stiga*): das Fehlen eines Präfixes kann nicht als Hinderungsgrund für diese Auffassung gelten, da die perfektive Verbalpartikel *ge* im altnord. überhaupt geschwunden ist.

[2] Der deutsche Satzbau, S. 24 fg.

ganz vereinzelt *ge, er* und *ver* zur Verwendung.« »*ge* hat auf älteren Sprachstufen noch mehr Belege zu verzeichnen, wovon uns *geschweige* und *gewinnen* erhalten sind, ebenso *gestehen*, dem als einziger Beleg für *ver verstehen* zur Seite tritt. Das Präfix *er* vermittelt Transitiva aus *blicken* (*erblicken*) und aus *fechten* (*erfechten*), sonst werden wir dieses Präfix gerade mit Vorliebe vor Intransitivis beobachten.« — Für die Perfektivirung kommen nach Wunderlich im wesentlichen *er* und *ge* in Betracht. Zwischen beiden sei so zu scheiden, dass *er* dem Ausdruck der momentan-perfektiven Aktionsart, *ge* dem der durativ-perfektiven Aktionsart diene. »Das Präfix *er*, das der momentan-perfektiven Aktionsart dient, bringt ursprünglich die Bewegung von innen nach aussen zum Ausdruck (*erblühen, erschallen*). Wir finden es vor allem bei Nominalableitungen (*erblassen*), von denen aber einige in neuerer Zeit *ver* angenommen haben.« »Dem *er* tritt in einigen Belegen noch *ent* zur Seite (vgl. *entstehen, entspringen*), desgleichen in Ableitungen von Substantiven (*entblättern* u. a.).« Über *ge* bemerkt er schliesslich: »Grimm will der Partikel die Bedeutung des Dauerns, des Anhaltenden zuschreiben, die aber mehr auf ihre Fähigkeit zurückgeht, einer Verbalthätigkeit den Abschluss zu geben, sie in einen Zustand überzuführen (vgl. *frieren, gefrieren*). Ausserdem kann man gerade bei der Festsetzung solcher Grundbedeutungen nicht vorsichtig genug sein. Die ältere Sprache weist uns für *ge* nach der einen Seite völliges Verblassen irgend welcher Bedeutung auf, während nach der anderen Seite in dem Präfix vor dem Präteritum und vor dem

Partizip des Präteritum die Grundbedeutung wohl noch durchschimmert.«

Das alles scheint mir recht wenig in das Wesen der Dinge einzudringen. Eine kurze Kritik wird dies bestätigen, zugleich aber auch die Annahme des engen Zusammenhanges zwischen perfektivem Kompositum und transitivem Kompositum durch eine Reihe von Zeugnissen stützen.

Die Grundfrage, wie es vermöge der Komposition mit *be* u. s. w. zu einer Transitivirung hat kommen können, berührt Wunderlich gar nicht. Diese Frage wird für jedes Präfix einzeln zu lösen sein; doch lässt sich von vorn herein sagen, dass sich zwei Wege für diese Möglichkeit bieten. 1. Aus *hinter einen gehen* wird *einen hintergehen*, aus *über einen fahren* wird *einen überfahren* d. h. ein ursprünglich zu dem Präpositionaladverb gehöriger Akkusativ tritt, nachdem dieses an dem Verbum fest gewachsen ist, zu dem neuen Kompositum als Objektsakkusativ. 2. Das Kompositum tritt infolge der Bedeutungsveränderung, die sein Präfix herbeigeführt hat, aus der Begriffsgruppe seines Stammwortes aus und in eine andere, ihm nun nahestehende Begriffsgruppe ein. Mit dem Familienwechsel geht so zu sagen Hand in Hand ein Wechsel in den Beziehungen: die alte Gruppe war intransitiv, die neue ist transitiv, das eintretende Glied wird transitiv. Beispiele: die S. 6 angeführten *erleben, ergreifen, erblicken* u. s. w. im Gegensatz zu ihren Simplizien. »*Ge* hat auf älteren Sprachstufen noch mehr[1] Belege zu verzeichnen«, heisst es bei

[1] Als heute? als andre Präfixe? als andre Präfixe heute?

Wunderlich, »wovon uns *geschweige* und *gewinnen* erhalten sind, ebenso *gestehen*.«[1] *Geschweige?* das Wort ist der Rest eines intransitiven Satzes: »*ich geschweige, (dass*« u. s. w.), wie aus vielen alten Zeugnissen hervorgeht. Wo es früher mit einem substantivischen Objekt verbunden erscheint, steht dieses gewöhnlich im Genitiv oder wird von einer Präposition (etwa *umbe, von*) abhängig gemacht: von Transitivirung durch *ge* kann hier keine Rede sein. Wie sollte man sie sich auch entstanden denken? — *Gewinnen?* das alte *winnen* hiess »ringen, Mühsal dulden«, *gewinnen* zunächst weiter nichts als: ringen bis zu einem Ziele hin, dann resultativ: er-ringen. Die transitive Konstruktion hat sich als eine Folge der Entwicklung der Perfektivität eingestellt. Auch dieses Beispiel passt also nicht. *Gestehen?* Wunderlich äussert sich auch hier nicht darüber, wie er sich dieses transitive *gestehen* entstanden denkt, er sagt nicht einmal, mit welcher intransitiven Konstruktion von *stehen* er es verbunden wissen will. Doch verrät das Wort seine einfache Geschichte, sobald man einen Blick auf seinen Gebrauch in alter Zeit wirft. *Ge* hat in dem verhältnismässig sehr alten Kompositum[2] seine ursprüngliche lokale Kraft: es bedeutet »*mit*«; »*einem*[3] *gestehn*« hiess: mit ihm stehen,

---

[1] »Dem als einziger Beleg für *ver verstehen* zur Seite tritt«. *Verstehen* ist also nach Wunderlich das einzige Zeugnis für Transitivirung durch *ver*.

[2] Jünger ist das got. *gastandan* »stehen bleiben« mit dem perfektivirenden Präfix; sein jüngster Bruder mhd. *gesten* ist durch nhd. *bestehen* ersetzt worden.

[3] Dieser Dativ wird als alter Instrumental aufzufassen sein — besser gesagt: als Soziativ, wenn der Name einmal den Grund-

bei ihm stehen, ihm beistehen, ihm beitreten. Auch: ihm beipflichten, denn die beistimmende Meinungsäusserung wird gewiss in alter Zeit (man denke sich eine Rechtsversammlung: was für ein wichtiges Ding war hier das Zustimmen!) von einem leibhaftigen »beitreten« begleitet gewesen sein, schon um die Parteien für und wider besser übersehen zu lassen.[1] Der Dativ wird also ursprünglich nur eine Person gemeint haben können, dann bildlich auch eine Sache. Erst später aber erscheint neben dem Dativ der Person ein sachliches Objekt im Genitiv, und für diesen tritt schliesslich der Akkusativ ein, vielleicht, weil das Kompositum vom Sprachgefühl in den Kreis der Verba des Sagens gezogen wurde, vielleicht nur im Gefolge jenes in der Übergangszeit vom mhd. zum nhd. allgemein zu beobachtenden Emporwucherns des Akkusativs über den Genitiv bei Verben. Also auch hier kann keine Rede davon sein, dass *ge* transitivirt hätte.[2]

Als Beispiele dafür, wie die Zusammensetzung mit *er* transitivirt, führt Wunderlich *erblicken* und *erfechten* an, von denen aber dasselbe wie von *gewinnen*

---

begriff des Kasus wiedergeben soll; denn Instrumental ist gar kein Grundbegriff, wie noch heute jedem unser oft instrumental gebrauchtes, von Hause aus soziatives *mit* sagen kann. Auch sonst findet sich dieser Kasus bei alten *ge*-Zusammensetzungen, z. B. *diu geliche*, schon got. *ke* bei *galeiks* und *galeikon*.

[1] Vgl. die römische *itio in partes*. Unser *meine Meinung geht dahin* wird zu jung sein, als dass das Bild hier je mehr als ein Bild hätte sein können.

[2] Die heutige Bedeutung des Kompositums lässt sich am besten auf die Frage entstanden denken: Hast du das gethan? Der Gefragte »*gestand*«, indem er dem Frager in der in Frageform ausgesprochenen Thatsache »*beitrat*«, beistimmte.

gilt: die transitive Konstruktion ist eine Folge der Perfektivirung. Dass »wir dieses Präfix gerade mit Vorliebe vor Intransitivis beobachten«, ist eine von des Verfassers verkehrten Behauptungen: das Gegenteil ist richtig.

Ebenso anfechtbar ist, was Wunderlich über perfektive Komposita sagt. Gleich seine Scheidung von *er* und *ge* ist nicht haltbar (*er* soll momentan-perfektive, *ge* durativ-perfektive Komposita bilden): unser *ertragen* ist so sicher durativ-perfektiv, wie umgekehrt unser *gebären* momentan-perfektiv. Wunderlichs beide Beispiele für momentan-perfektivirendes *er* (als dessen Grundbedeutung er richtig die Bewegung von innen nach aussen angiebt) sind insofern unglücklich gewählt, als die ingressiven *erblühen, erschallen* den Begriff der eigentlichen Perfektivität schlecht auf sich anwenden lassen (sie verhalten sich zu *blühen* und *schallen* wie die Anfangspunkte einer Geraden zu dieser selbst, nicht wie die an ihrem Endpunkte begrenzte Gerade zu einer unbegrenzten Geraden). Auch trifft es nicht das Wesen der Sache, wenn er sagt, die denominativen *er*-Komposita hätten in neuerer Zeit zum Teil *ver* angenommen; denn die Präfixe tauschen nicht eigentlich mit einander, sondern von ursprünglich neben einander stehenden Bildungen taucht bald die eine, bald die andre an die Oberfläche des Sprachgebrauchs oder der Sprachmode.[1] Von den Beispielen

---

[1] Auch Hildebrand sagt zwar (s. *ge* im d. Wb. II 7 b,: »Ein wirkliches willkürliches Tauschen dieser Wörtchen in ihrer gleichsam abgelebten Gestalt ist an sich ausser Zweifel gestellt durch Erscheinungen in Mundarten, wenn z. B. im Westen, in der

für Komposita mit *ent* (*entstehen, entspringen*) gilt dasselbe wie von *erblühen* und *erschallen:* sie sind reine Ingressiva, aber keine momentan-perfektiven Verba. Ganz unbegreiflich ist mir auch zum Schlusse wieder die Art, wie Wunderlich es begründet, dass er zur Vorsicht bei der Festsetzung »solcher Grundbedeutungen« warnt: »Die ältere Sprache weist uns für *ge* nach der einen Seite völliges Verblassen irgend welcher Bedeutung auf, während nach der andern Seite in dem Präfix vor dem Präteritum und vor dem Partizip des Praeteritum die Grundbedeutung wohl noch durchschimmert.« Was hält er denn für die Grundbedeutung von *ge?* Wie es scheint, die perfektivirende: aber auch diese tritt in allen andern Verbalformen eher zu Tage, als im Partizip des Präteritums.

So bietet also Wunderlich auf den wenigen Seiten,

Wetterau u. a. für zer- durchaus ver- eintritt, verreissen für zerreissen (Weigand), in bair. Mundarten ver- für er-: verfrieren, verbarmen, verwischen (erwischen), verlogen (erlogen), im Elsass ent- für er-, erzezli in Arnolds Pfingstmont., ergeje (entgegen), selbst erzwai für entzwei d. i. in zwei.« Aber grade diese Beispiele zeigen recht hübsch, dass von **willkürlichem** Tausch doch keine Rede sein kann. An einer Reihe von Verben sind z. B. in Baiern *er* und *ver* so gut wie gleichwertig gewesen; kein Wunder, wenn da eins von beiden anfängt, in das Gebiet des andern hineinzuwuchern, ja es schliesslich ganz erstickt. Und ebenso stehen bei mehreren (ingressiven) Kompositen *ent* und *er* ohne Unterschied, vgl. z. B. entspringen und erspringen: hier hat jedenfalls im Elsass die Wucherung des *er* eingesetzt. Es sind immer nur nahe verwandte Präfixe, die sich so ins Gehege kommen, *er* und *ver*, *ver* und *zer*, *ent* und *er*; ein Wechsel etwa zwischen *be* und *zer* wird sich schwerlich irgendwo nachweisen lassen.

auf denen er die syntaktischen Eigentümlichkeiten der Komposita darzustellen versucht, fast überall Anlass zu Widerspruch; von all der bessernden Erkenntnis aber sei hier besonders das eine Ergebnis betont, dass *gewinnen* wie *erblicken* und *erfechten* vermöge ihrer Präfixe zunächst Perfektiva und dann vermöge ihrer perfektiven Bedeutung, ihrer das Objekt voll bewältigenden Kraft auch Transitiva geworden sind, ein logisch und historisch gleich notwendiges Ergebnis, auf das die Behauptung gegründet werden darf, dass weder *ge* noch *er* im Stande sind und gewesen sind, ein Verbum zu transitiviren, ehe sie es perfektivirt haben. Damit ist die Scheidung zwischen Präfixen als Mittel der Transitivirung und Präfixen als Mittel der Perfektivirung erledigt.[1]

Also: auch unserer Sprache ist die Unterscheidung zwischen perfektiver und imperfektiver Handlung nichts fremdes, sondern sie bedeutet für sie einen lebendigen Quell der Wortschöpfung und syntaktischen Lebens. Ist dieser Quell immer gesprungen? Ist er sich in seiner Kraft immer gleich geblieben? Welche Wege sind seine Wasser geflossen? Und vor allen Dingen: wie ist er entsprungen? — Wir müssen in ältere Zeiten unserer Sprache zurückgehen, um diese Fragen zu lösen.

[1] Ich befinde mich mit dieser Ablehnung nicht nur im Gegensatz zu Wunderlich, sondern zugleich zu allen bis jetzt erschienenen Rezensionen seines Buches (man vgl. z. B. in der ausführlichsten [von Tomanetz, A. f. d. A. XX, bes. S. 5] die kurzen Bemerkungen über die hier besprochnen Dinge.

In seiner Urzeit hat der indogermanische Sprachstamm keine Tempora in unserm Sinne besessen, Bildungen also, die dazu gedient hätten, das Verhältnis der Zeitstufen zu bezeichnen. Alle Praesensklassen, alle Perfekta, alle Aoriste sind in ihren Modi zeitlos gewesen und haben sich nur durch die Art der Handlung unterschieden, die jedes bezeichnete. Ein rein temporales Unterscheidungsmittel entwickelt sich nur für die Vergangenheit in dem Augment, die gegenwärtige Handlung wurde gar nicht charakterisirt und die zukünftige durch einen Modus »von wahrscheinlich voluntativischer Bedeutung«. So leitet Streitberg im 15. Bande der Beiträge zur deutschen Sprache und Litteratur S. 70 ff. seine Untersuchung über die Frage ein, mit welchen Mitteln das Gotische die Einbusse von Zeitstufen und Arten der Handlung zu decken gesucht habe, die es gegenüber dem Indogermanischen erlitten hatte. Indem er nun nachweist, dass hier vielfach das gotische Perfektivum eingetreten ist, sondert er zunächst die gotischen Verba in solche, die, an sich imperfektiv, durch die Zusammensetzung perfektiv wurden (z. B. *saihvan* die Fähigkeit des Sehens besitzen, im Sehen begriffen sein, *ga-saihvan* erblicken), in die perfektiven Simplizia, die die Beziehung auf den Augenblick der Vollendung in sich tragen (*briggan, finpan, frapjan, gaumjan, giban, letan, niman, qipan, wairpan*; mit »hoher Wahrscheinlichkeit« glaubt Streitberg noch *blandan*, das nicht mischen, sondern vermischen, und *bairgan*, das ebenso nicht bergen, sondern verbergen bedeute, hierherziehen zu können) und in durative Simplizia, deren Bedeutung eine farblose Perfektivirung unmöglich mache: solche Wörter seien im Gotischen *rodjan* (das entsprechende Durativ zu dem perfektiven *qiþan*), *wisan* in der Bedeutung »sein« (gegenüber dem perfektiven *wairþan*), *libon*, *frijon*, dazu *faginon*, *gretan*, *gaunon*, also Verba der Gemütsstimmung, auch *merjan*.[1] Diese Scheidung zwischen perfektiven und imperfektiven Verben findet nach Streitbergs Darstellung ihren syntaktischen Ausdruck in folgenden Erscheinungen (a. a. O. S. 176):

1. kann die Präsensform des Perfektivs zum Ausdruck des Futurs dienen;
2. der verwandten aoristischen Aktionsart pflegt im got. das Perfektiv zu entsprechen, doch ist wohl zu beachten, dass beide Bedeutungskategorieen trotz aller Ähnlichkeiten nicht einander decken.

Ausserdem sind noch folgende beiden Ergebnisse seiner Untersuchung hervorzuheben: 1. Unter den Präpositionaladverbien ist diejenige Partikel, die am meisten ihre individuelle Bedeutung eingebüsst hat, am geeignetsten, überall da verwandt zu werden, wo es sich lediglich um die Modifikation der Aktionsart handelt. Diese Partikel ist *ga*. — 2. Die »farblose« Partikel *ga* verbindet sich mit Vorliebe mit dem Partizipium Präteriti. Dasselbe drückt alsdann ursprünglich nichts anderes aus, als den Moment der Vollendung der Handlung in der Vergangenheit, be-

---

[1] Doch steht es nicht von allen diesen fest, dass sie nur durativ sein könnten. Warum soll sich denn zu einem Verbum der Gemütsstimmung kein Ingressivum denken lassen, warum kein perfektives »bis zu Ende verkündigen« möglich sein? Wirklich ist *usmerjan* Mt. 9, 31 perfektiv.

ginnt aber schon früh zur blossen Konstatirung der
(absoluten) Handlung in der Vergangenheit zu verblassen. Spuren dieses Entwickelungsprozesses finden
sich schon im Gotischen, abgeschlossen ist er im Neuhochdeutschen.

Diese wichtigen Ergebnisse sind im grossen und
ganzen wohl unerschütterlich, und damit wäre die eine
Frage, ob unsre Art der Perfektivirung alt ist, erledigt. Ja, der Kern der Erscheinung ist offenbar
durch anderthalb Jahrtausend derselbe geblieben: in
Wulfilas Übersetzung steht sogar schon *ga* besonders
gern perfektivirend beim Infinitiv nach *ni mugan*,[1] von
demselben Wert und Gehalt wie heute bei uns Hochdeutschen der unscheinbare Vorling *er* in einem Satze
wie: *ich kann den Kerl nicht erriechen.*

Aber auf die wichtige Frage nach der Entstehung
der Perfektivirung durch Komposition geht Streitberg
nicht genügend ein. Nachdem er perfektive Aktionsart bei einer Reihe von Komposita mit *ga*, *ana*, *af*,
fair, *und* u. s. w. nachgewiesen hat, fragt er (a. a. O.
S. 102 nach dem Ursprung der Thatsache, dass *ga* die
grösste Rolle dabei spielt. »Die Erklärer, vorab Bernhardt und im Anschluss an ihn Dorfeld, gehen von
der Grundbedeutung des *ga* = idg. *co* »zusammen«
aus und sind der Ansicht, dass der Begriff der
»Vereinigung« den der »Vollständigkeit« und weiterhin den der »Verstärkung« hervorrufe. Aber wie
die Folgerungen falsch sind, so auch die Prämisse.

---

[1] Diese Thatsache, unverkennbar und auch leicht erklärlich,
hat Streitberg nicht beobachtet, vgl. dazu Hildebrands Nachweise
(a. a. O. 5 b *a*).

Wol ist »zusammen« die Grundbedeutung von *ga*, aber diese ist auf der uns vorliegenden Stufe des gotischen Sprachlebens bei weitaus den meisten Fällen in der Verbalkomposition geschwunden, oder doch abgeblasst... Wie sollte unter diesen Umständen die Partikel noch fähig sein, kraft der Prägnanz ihrer Bedeutung über alle andern das Übergewicht zu erlangen, sie, die doch gerade an individuellem Inhalt hinter allen andern zurücksteht! Aber eben in dieser letzten, unbestreitbaren Thatsache liegt das punctum saliens: gerade dieser Mangel an concreter Individualität, dieses Minimum an materiellem Bedeutungsinhalt ist der Grund ihrer Herrschaft geworden. Je mehr sich ihr materieller Inhalt verflüchtigte, desto mehr ward sie tauglich dazu, das Perfektivirungsmittel κατ᾽ ἐξοχήν zu werden. Wie man sich erinnern wird, setzt sich die Bedeutung eines perfektiven Verbums aus drei Momenten zusammen: a) der materiellen Bedeutung des (einfachen) Verbums, b) der materiellen Bedeutung der Präposition, c) der Modifikation der Aktionsart. War nun der materielle Inhalt der Partikel nahezu oder völlig auf Null reduzirt, so befähigte sie diese Einbusse, das Verbum bei der Komposition zu perfektiviren, ohne ihm einen irgendwie erheblichen Zuwachs an materieller Bedeutung zu bringen, *saihan* und *insaihan* beispielsweise unterscheiden sich nicht nur hinsichtlich ihrer Aktionsart, sondern das Kompositum enthält auch in der Präposition *in* die Andeutung der Richtung, in der sich das Sehen bewegt. Derselbe Unterschied der Aktionsart besteht zwischen *saihan* und *gasaihan:* aber er ist zugleich der einzige, der zwischen Simplex und Kompositum existirt, *ga* ist also zu einem nahezu rein formalen Mittel zum Ausdruck der perfektiven Aktionsart geworden.«

Der Kernsatz dieser Entwicklung sagt: dreierlei macht die Bedeutung jedes perfektiven Kompositums aus: die Bedeutung des Simplex, die der Präposition. und die Veränderung der Aktionsart. Wo kommt, frage ich nun, diese Veränderung der Aktionsart her? Liegt sie vielleicht in der Komposition an sich, also in einem blossen Begriff? Unmöglich! Dann bliebe ja auch immer noch die Frage: wie hat sie sich hier einstellen können? Bringt die Präposition sie etwa von sich aus mit? Wie ist dazu aber die Präposition im Stande?

Wir kommen nicht darum herum: die Änderung der Aktionsart ist weiter nichts als das Ergebnis der Vereinigung der beiden Inhalte von Verbum und Präfix. Die Präposition legt in der Thätigkeit des Verbums, die an sich einer unbegrenzten Geraden vergleichbar ist, irgend einen Punkt fest: darin, dass die Thätigkeit nun als von diesem Punkte ausgehend oder bis zu ihm hinstrebend oder ihn gerade erreichend dargestellt wird, darin liegt das, was man Perfektivität oder perfektive Aktionsart genannt hat.

Hier leuchtet nun sofort ein, wie mangelhaft dieses Wort ist. Denn es erkennt nicht an, dass das Ingressivum in seiner Aktionsart ein gleichberechtigter, auf eignen Füssen stehender Bruder des Perfektivums ist. Streitberg selbst wenigstens braucht »perfektiv« als übergeordneten Sammelbegriff über den beiden Spielarten der Perfektivität (wie er es sich vorstellt): in-

gressiv und effektiv. Er bemerkt (a. a. O. S. 72):
»Von subjektivem Standpunkt aus betrachtet lassen
sich die perfektiven Verba auch in effektive und ingressive Verba einteilen: Setzt man nämlich den
Moment der Vollendung in Gegensatz zu den Vorbereitungen, so kann man von effektiven, setzt man ihn
in Gegensatz zu den Folgen, so kann man von ingressiven Verben sprechen. Man muss sich jedoch immer
dessen bewusst bleiben, dass diese Unterscheidung
keinen theoretischen, sondern lediglich praktischen
Wert besitzt und entweder durch den Begriff der
Verbalwurzel bedingt ist oder aus dem Zusammenhang,
in dem das Verbum sich befindet, herausgelesen werden
kann; so dass oft das nämliche Verbum je nach seiner
Umgebung effektiv oder ingressiv übertragen werden
kann. Man erinnere sich hierbei an das griech. βαλεῖν
'aufschlagen' und 'abschleudern'.« Hält Streitberg
wirklich für möglich, dass das griechische Sprachbewusstsein diese beiden βαλεῖν, die zwei ganz verschiedene Vorstellungen bezeichnen, nicht ganz von selbst
getrennt hätte? S. 83 zeigt er an einer Reihe von
Beispielen, dass *gahausjan* »effektiv« so viel bedeutet
wie: durch Hören vernehmen. Und S. 84 reiht er
diesen Beispielen den Satz an: »Ingressivbedeutung
lässt sich M 11,5 erkennen: *blindai ussaihand . . . .
daubei gahausjand*. Hier werden die Praepositionaladverbien *us-* und *ga-* gleicherweise zur Perfektivirung (!) verwant.« Lässt sich erkennen! Als ob es
nicht so klar wie der Tag wäre, dass *ga* in diesen
beiden *gahausjan* etwas grundverschiedenes geschaffen hat? Nicht unser »subjektiver Standpunkt« führt

zu dieser Scheidung, sondern sie erzielt sich aus dem Wesen der Dinge und ist, wie später zu zeigen sein wird, in der geschichtlichen Entwicklung auch gut begründet.

Ein zweites leuchtet wohl nicht minder ein: von der Grundbedeutung des Präfixes hat man bei der Erklärung der perfektiven Komposita auszugehen. Streitberg möchte zwar perfektivirendes und lokales *ga* durch eine unüberbrückbare Kluft trennen: die Sprachgeschichte aber verlangt ihre Vereinigung. Wenn er S. 92 spottet: »Sollte jemand im Ernste die 'intensive', 'inchoative', 'perfektive', 'soziative' Bedeutung aus einander oder einer neuen Grundbedeutung herleiten? Man dürfte einem solchen Experiment mit begreiflicher Spannung entgegen sehen«, so ist dem zu entgegnen, dass eine derartige Entwicklung ja doch einmal vor sich gegangen sein muss; die Aufgabe der Wissenschaft ist es nicht, sie zu ignoriren, sondern sie wieder blosszulegen.

Aber noch ein innrer Grund ist vorhanden, der das Wesen der perfektiven Bedeutung auf den lokalen Sinn der Präfixe zurückzuführen verlangt: die syntaktische Erfahrung, dass alle uns geistig erscheinenden Beziehungen in der Sprache in ihren Uranfängen nichts weiter sind als räumliche Vorstellungen (s. S. 5, A. 1). Perfektivität, so schön abstrakt das Wort klingt, — können wir uns anders etwas dabei denken, als indem wir uns eine einseitig begrenzte Grade im Raum vorstellen? Wenn diese Grade von einem bestimmten Punkte in die Unendlichkeit hinausstrahlt, so haben wir die Vorstellung der Ingressiva vor unserm geistigen

Auge, wenn sie aus dem Unendlichen bis zu einem festen Punkte innerhalb unsres Gesichtskreises läuft, die der Effektiva oder Perfektiva im engern, richtigen Sinne. Auch das ist drittens denkbar, dass nur ein Punkt dieser Geraden in dem »perfektiven« Verbalbegriff sichtbar wird. Also immer ist es die Beziehung auf einen — örtlich gesprochen — Punkt oder — zeitlich gesprochen — Augenblick, worin die sogenannte Perfektivität, richtiger, aber noch weniger schön, die Momentanität des Verbums liegt.

Ausserdem ergiebt sich, dass der Unterschied zwischen absoluter Perfektivität (durch das »farblose« *ga* bewirkt) und solcher, die noch mit materiellen Schlacken der Präposition — in Streitbergschem Sinne gesprochen — behaftet ist, gar kein Grundunterschied ist. Von absoluter Perfektivität redet man, wenn die Verbalthätigkeit in grader Linie bis zu einem Ziele geführt wird (*ge* und *er*); bildet es dann aber dazu einen Grundgegensatz, wenn sie nach einem verkehrten, schlimmen Ziele hin abgelenkt wird (*ver*)?[1] So lange noch wirkliche Perfektivität, d. h. ein wirkliches »bis zu Ende« in einem Verbalbegriff gefühlt wird, kann von absoluter Perfektivität oder schlechthinniger Perfektivität, d. h. einer solchen, die ganz frei wäre von materieller Bedeutung, keine Rede sein. Sie ist überhaupt ein Unding. Denn wenn ein derartiges Verschwinden jedes materiellen oder sichtbaren Inhalts in gewissen syntaktischen Bindungen eintritt, dann

---

[1] Ich habe diese Scheidung auf den ersten Seiten der Einleitung nur beibehalten, weil ich dort die herrschenden Ansichten vorführen wollte.

ist das Kompositum auch nicht mehr perfektiv: wo ist
denn in dem mhd. *ich enmac gesin* noch eine Spur von
Perfektivität? Hier ist das Präfix wirklich nur noch
ein rein formales Ding geworden (wie eben *ge* im
grossen und ganzen im mhd. nach Hilfszeitwörtern).

Das sind die Grundeinwände, die ich gegen Streitbergs Darstellung der Sache zu erheben habe; einzelnes
soll im Laufe der folgenden Untersuchung noch zur
Sprache kommen. Ich scheide, als von Haus aus
zweierlei, ingressive und perfektive (Streitberg: effektive) Komposita, für nebensächlich halte ich den Unterschied zwischen grösserem oder geringerem materiellen
Bedeutungszuschuss durch die Präposition; einen Schritt
über das Perfektivum hinaus liegt nach meiner Ansicht
das Resultativum.

Die Grundzüge der Scheidung der Aktionsart nach
einfachen und zusammengesetzten Verben im Germanischen sind damit festgelegt. Es wäre nun wohl
der Mühe wert, den ganzen germanischen Bau dieser
Komposition im einzelnen historisch aufzuführen; aber
da der Umfang dieser Arbeit den einer Dissertation
bei weitem übersteigen würde, habe ich mich bei der
folgenden Einzeluntersuchung eingeschränkt: nicht nur
auf einen Sprachzweig, sondern sogar auf ein Denk-
mal, den Heliand. Für das gotische, das althoch-
deutsche, das mittelhochdeutsche liegen Untersuchun-
gen[1] der Sache vor, nur das altsächsische ist bis jetzt
so gut wie leer ausgegangen. Einiges einschlägige

[1] S. Streitberg a. a. O. S. 78 ff.

bietet nur das erste Kapitel von Pratjes Heliandsyntax im Ndd. Jahrb. XI, 1 fg., wovon an Ort und Stelle die Rede sein wird. Die Versuche von J. v. d. Ven,[1] die Streitbergschen Ergebnisse für die altsächsische Verbalsyntax zu verwerten, sind viel zu dürftig, als dass sich etwas sichres aus ihnen gewinnen liesse; entschieden verkehrt ist die Art, wie er den Gedanken von der Vertretung der fehlenden Tempora (besonders des Futurums) durch perfektive Verba auf die Sprache des Heliand überträgt, von Einzelheiten wird auch hier noch zu sprechen sein.

Der Schwierigkeiten meiner Aufgabe, besonders gegenüber Streitbergs Arbeit, glaube ich mir vollkommen bewusst zu sein. Hier ist es nicht möglich, an der Hand eines griechischen Originaltextes, der mit grösster Treue und feinem Sprachgefühl von einem hochstehenden Gebildeten übersetzt worden ist, alle die einzelnen Fragen, die sich darbieten, zu entscheiden. Das subjektive, leicht zur Willkür geneigte Sprachgefühl muss vieles thun, und wie wenig das gerade zu dieser Aufgabe befähigt ist, ergiebt sich schon daraus, dass unser an der lateinischen Sprache gebildeter, um nicht zu sagen verbildeter grammatischer Sinn vielfach leicht ganz anders empfinden wird, als das Sprachgefühl unserer selbständigeren Vorfahren.

Auch die gebundne Form des Heliand, so frei sich ihre Typen verhältnismässig gebildet zeigen, legt doch der Sprache einen gewissen Zwang an.[2] Ab und

---

[1] Gebruik der naamvallen, tijden én wijzen in den »Héliand« door J. van de Ven, S. J. Gent 1893.

[2] Als ganz sicher hat sich mir für den Beowulf ein der-

zu begegnet auch, um das gleich hier vorweg zu nehmen, ein Kompositum, das an der betreffenden Stelle schon vom Metrum verlangt wird (Verse z. B. wie 39ª *uualdand gisprak*, 1524ᵇ *man gefrummiad* u. s. w. wären ohne das Präfix nicht denkbar): Da kann die

artiger Einfluss des metrischen Rahmens auf die Wortwahl ergeben aus einer auf Anregung von Sievers angestellten Untersuchung über die Metrik der Nominalkomposita des ags. Epos. Im Beowulf werden nämlich ganz offenbar Komposita gemieden, deren erstes Glied den Rhythmus $\perp \smile$ bildet und deren zweites aus zwei kurzen Silben besteht. Denkbar wären solche Komposita von dem rhythmischen Gerippe $\perp \smile + \smile \smile$ ja nur in Versen, die nach dem von Sievers mit B bezeichneten rhythmischen Typus zu lesen wären; aber in diesen ist die Auflösung der zweiten Hebung etwas ganz ungewöhnliches, und so begegnet in der That nur das einzige Beispiel v. 1102 *ne þurh inwitsearo*. Als Beweis für dieses, gleichviel ob bewusste oder unbewusste, Vermeiden von Nominalkompositionen von dem Rhythmus $\perp \smile + \smile \smile$ können die Komposita dienen, deren erstes Glied das Wort *hilde-* (*hild-*) bildet. Auf *hilde-* folgt stets eine lange (d. h. dehnbare) Silbe zu Anfang des zweiten Kompositionsgliedes; besteht dagegen dieses zweite Glied aus einem Worte wie *-fruma*, *-lata* ($\smile \smile$), so heisst das erste Glied *hild-*. Neben drei *hildfruman* 2835, 1678, 2649), einem *hildlatan* (2846) und einem *hildfrecan* (2366) steht zwar v. 2206 auch ein *hildefrecan*, dieses ist aber sicher verschrieben nach zwei unmittelbar vorhergehenden *hilde-*, die dem Schreiber noch in Kopf und Feder steckten, und also durch *hildfrecan* zu ersetzen.

Derartiges darf nicht verwundern. Massregeln doch die heutigen strengern und eintönigern metrischen Formen unsre analogen Sprachgebilde noch weit mehr. In der ungezwungnen Prosa der *Wanderjahre* (II, 3) konnte Goethe von *der Kühnheit eines wagshalsigen Gelbschnabels* reden, in den Iamben des Faust (6744 fg. musste es heissen:

  Wenn man der Jugend reine Wahrheit sagt,
   Die gelben Schnäbeln keineswegs behagt.

Noch besser entspricht der Erscheinung im Beowulf folgendes bei Schiller:

Aufgabe nur sein, Grammatik und Metrik in Einklang zu bringen. Auf der andern Seite aber lässt sich sagen, dass gerade *ge, gi* schon eine ausserordentlich leichte Silbe gewesen sein muss.[1] Ist doch bereits im spätern ahd. das Präfix auf Sonantlosigkeit überall da reduzirt, wo nicht danebenstehende *ge*-lose Formen es mit Bewusstsein in voller grammatischer Gestalt immer wieder ansetzen liessen. So wird es denn auch nicht im Auftakt bei doppelt fallendem Rythmus vermieden, wie man vielleicht erwarten könnte; es heisst z. B.

1463ª *ge uuinnan an thesoro uueroldi,*
so gut wie
1352ª *Than uuopiat thar uuunscefti*
oder 1235ª *alesane undar them liudiun*
oder 85ª *ne saca ne sundea.*

Ja sogar zweisilbiger Auftakt, auch sonst ja keine Seltenheit, vgl. Sievers, altgerm. Metrik § 113,[2] wird

Wallensteins Tod
304 *Der Österreicher hat ein Vaterland,*
Und liebt's, und hat auch Ursach, es zu lieben.
1099 *Dank vom Haus Östreich! — Buttler! — Was beliebt?*
Jungfrau von Orléans
10 *Denn aller Orten lässt der Engelländer*
Sein sieghaft Banner fliegen.
4679 *Entsage Frankreich! Trage Englands Fahne.*

Gewiss wird man sagen dürfen, dass *Österreicher* und *Engelländer* willkommen gewesen seien, weil sie der Sprache einen leisen Anflug historischen Alters geben, aber *Östreicher* und *Engländer* gehören ja zu den armen, aus unsrer ganzen iambischen und trochaischen Dichtung verbannten *Pechvögeln* (´ ` ×), über die sich Ludwig Eichrodt mit so guter Laune erbarmt hat.

[1] Vgl. auch Gallée, as. Gr. § 81: *i-uuegde, i-domde, i-muthi* u. s. w.

[2] Vielsilbigem Auftakt vor A stehe ich skeptisch gegenüber;

lieber in Kauf genommen, als dass Sinn und Syntax verletzt würden.

1589ᵃ *te giuuirkenne thinna uuilleon.*

Eine gewisse Schwierigkeit ergiebt sich aber wieder durch die Versuchung, der Variation eines Begriffes womöglich auch immer dieselbe Aktionsart wie ihm zuzuschreiben. Und endlich darf nicht vergessen werden, dass wir es mit einer Kunstsprache von ziemlich gemischtem Charakter zu thun haben: altvererbte sinnliche epische Formeln reihen sich zwischen mühsam im Vers untergebrachte, oft in rhetorischer Breite vorgetragene christliche Gedankenentwicklungen, neuer Geist hat in alten Formen ausgeprägt werden müssen, diese sind dabei schadhaft geworden, und wie die metrische Klarheit, so mag leicht auch die sprachliche Sicherheit geschwächt worden sein.

Dem Grundstock der Untersuchung schicke ich in der Überzeugung, dass von den Präfixen bei der Entwicklung der Bedeutung der perfektiven Verba komposita auszugehen ist, einen ganz kurzen Abriss der Bedeutungsgeschichte dieser Präfixe oder Präverbia voran, um nicht die Darstellung der Zustände im Heliand durch fortwährende Rückblicke unterbrechen zu müssen. Die syntaktischen Beziehungen der Perfektiva sollen am Schlusse im Zusammenhang dargestellt werden.

darüber aber giebt es keinen Streit, dass ein Vers wie 5807ᵇ *so huem so in muosta undar is ogon scauuon*, den Kauffmann (PBB. 12, 299) für ein A erklärt, ein C-Vers ist; er ist doch gar nicht anders als < >, d. h. steigend-fallend zu sprechen!

I. Präfixe.

1. Gi, ge.

Grundbedeutung dieses für die Perfektivirung wichtigsten Präfixes ist »zusammen«, Verwandtschaft mit lat. *co-* ist wahrscheinlich. Intransitiva wie *gefrieren* (eigtl. zusammenfrieren, fest frieren, dann ganz frieren) können noch heute lehren, wie diese Bedeutung in die von »völlig« übergehen kann, hat doch auch das entsprechende lateinische Präfix denselben Bedeutungswandel durchgemacht. Man vergleiche auch Verba wie *zusammenbrechen, zusammenfallen*, bei denen das präfigirte Adverb bereits denselben Weg wie das alte *ga* einschlägt.

Die so sich einstellende Bedeutung »ganz, bis zu Ende« ist es, die das Präfix auch als »absolut perfektivirendes« Präfix an sich hat. Daher *genesen*, daher mhd. *gestan, gesitzen, geligen* stehen bleiben,[1] sitzen bleiben, liegen bleiben u. s. w. Eine Stufe darüber

---

[1] Dann auch bildlich wie nhd. *standhalten*; Walther redet z. B. die Minne einmal an:
  ez'n wart nie sloz so manicvalt,
  daz ez vor dir gestüende, diebe meisterinne.

hinaus geschoben wird der Verbalkern in den resultativen und daher zugleich transitiven ahd. *geeiscon*, mhd. *gearbeiten* u. s. w.

Nun ist es bei einer Reihe von Verben[1] möglich gewesen, dass der ursprüngliche Endpunkt der Thätigkeit später als Anfangspunkt der gleichen folgenden Thätigkeit aufgefasst wurde. *Ersehen* heisst ursprünglich: die Thätigkeit des Sehens bis zur Erreichung eines Zieles hin ausführen; da die Thätigkeit aber fortgesetzt wird und das Objekt erst von dem Punkte des Ersehens an dauernd der Verbalthätigkeit des Sehens angehört, so ist es leicht möglich, *ersehen* als ein Ingressivum zu fassen. Genau dasselbe muss bei einer Anzahl von Verben wie got. *gasaihvan* der Fall gewesen sein. Die Folge davon war, dass *ga* auch mit dem Verbum verbunden wurde, um das Eintreten der Verbalthätigkeit zu bezeichnen. Daher got. *gahausjan* auch in der Bedeutung von: die Gabe des Hörens erlangen, hörend werden, anfangen zu hören, neben älterm *gahausjan* »durch hören vernehmen«. Daher auch neben den perfektiven *gestan, gesitzen, geligen* die ingressiven mit den Bedeutungen: zum stehen, zum sitzen, zum liegen (nieder-)kommen, ferner *geswigen* »verstummen« u. v. a.; dass beide Gruppen verschieden sind, objektiv besehen, bedarf nun wohl keiner Verteidigung mehr.

Mit einem Verbum können sich natürlich ver-

---

[1] Man beachte den grundsätzlichen Unterschied dieser Darstellung von Streitbergs Ineinssetzung von Effektivum und Ingressivum.

schiedne *ge* verbinden. Mhd. *geleben* m. Dat.[1] heisst: mit einem auf gleiche Art leben (*ge* lokal ; *geleben* m. Akk. heisst: etwas erleben (*ge* resultativ). Mhd. *gestan* ist 1) mit Dat. einem beitreten (s. S. 9, lokales *ge*) — 2) stehen bleiben perfekt.) — 2' zum stehen kommen (ingr.).

Wechsel von *ge* und *be* ist zu beobachten, besonders häufig im mhd., vielleicht im Anschluss an Synonyma wie *gehalten* und *behalten*? Neben einander von *ge* und *er*, auch as. *gi*, *ge* und *a* ist bei der gleichmässig perfektivirenden Kraft beider Präfixe selbstverständlich.

Über das perfektivirende got. *ga* bei Infinitiven nach Hilfsverben handelt gut Streitberg a.a.O. S. 107 fg. Dass bei *ni mugan* öfter der perfektive als der imperfektive Infinitiv erscheint, erklärt sich einfach aus der Thatsache, dass der Mensch öfter in der Lage ist, seine Unfähigkeit zu bekennen, eine vorliegende Aufgabe zu erfüllen, als seine Unfähigkeit in Beziehung auf irgend eine Thätigkeit an sich.[2] Dass man dann im Laufe

---

[1] S. S. 9 A. 3.

[2] Diese Unterscheidung zwischen einer bestimmten einmaligen Handlung und derselben Handlung an sich, ohne Beziehung auf einen bestimmten Fall, zwischen kasueller (oder singulärer oder momentaner) Thätigkeit und der betreffenden Thätigkeit schlechthin ist also auch mit der Doppelheit der perfektiven Komposita und der imperfektiven Simplizia gegeben. Ein prächtiges Beispiel hiefür ist der alte fromme Spruch *Wenn Gott nicht hilft heben, so kann's der Mensch nicht erheben*: die Beziehung des Kompositums auf den einzelnen Fall wird hier besonders deutlich durch das zugefügte Objekt *es*, das bei dem allgemein gehaltnen Simplex fehlt. Auch die Worte *ich kann es nicht ermachen* (S. 2) sind immer nur für einen bestimmten Fall denkbar, dagegen be-

der Zeit Hilfszeitwort und Infinitiv *ge* als zusammengehörig empfunden hat, lehren die mhd. Zustände, die

zeichnen die Worte *ich kann es nicht machen* ein absolutes Unvermögen. Eine reine, selbständige Ausdrucksform für diese Scheidung, wie sie die slavischen Sprachen in ihren perfektivirenden Verbalsuffixen besitzen, hat das Germanische nicht entwickelt, aber, wie man sieht, helfen uns unsre Komposita einigermassen aus; auch bedienen wir uns wohl eines Adverbs wie *einmal* zur besondern Bezeichnung kasueller Thätigkeit, z. B. in einer Frage wie *Willst du dich einmal setzen?* Altsächsische Beispiele dafür werden noch begegnen; für jetzt nur die Bemerkung, dass die bekannten mhd. *ge*-Komposita in Sätzen mit *ie* und *nie* (vgl. S. 40—51 der wenigstens als Materialsammlung brauchbaren Dissertation von Eckardt »Das Präfix ge- in verbalen Zusammensetzungen bei Berthold von Regensburg«) hier wohl ihre einfachste Erklärung finden. Wenn Walther in seinem Kummer über die trübseligen Gesellen um ihn herum scherzt:
> sus behalde ich wol ir hulde, daz sie'z lazen ane nit:
> ich gelache niemer niht,
> wan da ez ir dekeiner siht

so bescheidet er sich: wo mich keiner von euch sieht, will ich schon einmal lachen. Gerade *je* und *nie* sind ja auch noch in unsrer Rede mit diesem *einmal* eng verknüpft: die Behauptung gilt desto allgemeiner, je entschiedner selbst vereinzelte Ausnahmen zurückgewiesen werden, auch erhält der allgemein ausgesprochene Satz durch diesen geringen Zusatz die Kraft eines Beispielsatzes. Dasselbe kasuelle *ge*-, wie ich es nennen möchte, einen Seitentrieb des perfektivirenden Präfixes, darf man vielleicht auch in Walthers Worten an die falschen Liebhaber erkennen:
> sie getraf dín liebe nie,
> die nach dem guote und nach der schœne minnent: we, wie
> minnent die!

Eine Perfektivirung des an sich schon perfektiven Verbalbegriffes *treffen* ist ja nicht gut denkbar; freilich wer will entscheiden, ob *ge*- hier nicht schon in rein mechanischem Verbande mit *nie* steht? Damit soll nicht gesagt sein, dass ein derartiges *ge*- nur in dieser Verbindung denkbar wäre; frei von ihr bietet es sich in einem hübschen Beispiel aus Berthold von Regensburg (II, 44, 26): *wære*

uns freilich wieder verloren gegangen sind. Dafür hat
ge seine Stellung am Partizip Praeteriti immer mehr
zu einer formalen Notwendigkeit gemacht, vgl. nhd.
getroffen, gefunden u. s. w. gegenüber mhd. *troffen,
vunden* u. s. w.

2. a.

Das as. Präfix *a*, aus westgerm. *az* entstanden
und verwandt mit hochd. *ur, er (ar, ir)*. got. *us*,
bedeutungsverwandt auch mit hochd. *aus, uz*, got. *ut*
und aind. *úd*,[1] bezeichnet wie unser »aus« je nach dem
Standpunkt des Sprechenden zweierlei: heraus und
hinaus. Dementsprechend bildet es von Hause aus
gleichmässig Ingressiva und Perfektiva:[2] das ingressive
erstehen bedeutet »anfangen zu stehen«, das resultativ-
transitivirende »durch stehen erlangen«. So stehen sich
schon gegenüber got. *usstandan, ussitan* zum stehen,
zum sitzen kommen und *usbairan* austragen, bis zu
Ende tragen. Ja, der doppelte Gebrauch ist sogar
schon im altindischen da, vgl. *úd-sthā* aufstehen, anfangen zu stehen, entstehen und *úd-sad* hinaussitzen,

---

min vater du ze helle (einzelner Fall!), *ich gebœte got als wenic
umb in als umbe den tiuvel. Wan ez hulfe als wenic als ob ich
umbe den tiuvel bœte* (schlechthin gesagt). Ein solcher Gebrauch
der Komposita gegenüber ihren Stammverben kommt in der That
dem Unterschied zwischen griech. Aorist und Präsens sehr nahe.
— Ob wir nicht auch schon das gotische Paradebeispiel am besten
übersetzen: wer Ohren hat zu hören, der höre nun, d. h. wer die
Fähigkeit zu hören hat, der wende sie jetzt an?

[1] S. darüber Delbrück, idg. Synt. § 281.

[2] Doch wird auch hier derselbe Vorgang wirksam gewesen
sein, der S. 28 im Anschluss an *erblicken* für *ge* angesetzt worden ist.

dann: verschwinden. Für die Urbedeutung erklärt Delbrück »'hinauf' und insofern mit der Hinaufbewegung auch eine Hinausbewegung verbunden ist, 'hinaus'.« Das wird sich schwerlich halten lasssen: das wesentliche der Bedeutung ist das Übertreten aus einem Medium in das andre, wenn auch von Anfang an eine emporsteigende Bewegung zu der Vorstellung des Wortes gehört haben mag, sodass man vielleicht Empordringen aus dem Erdboden als den Ursinn des Wortes vermuten darf. Damit vertrüge sich recht gut die aufwärts gerichtete Bewegung vieler Ingressiva mit us. a. er: [auf]erstehen, erschrecken u. s. w.

Während die ingressiven er(u.s.w.)-Komposita alle intransitiv sind, sind die vielen perfektiv-resultativen meist transitiv, vgl. *erklingen, erblühen, erglühen, erscheinen*, aber *erschiessen, erringen, erkämpfen, erobern, erreichen, erspähen, erwerben* u. s. w.[1]

[1] Eine Erscheinung, die fast bei allen Präfixen zu beobachten ist, ist die, dass an Stelle des Unterschieds der Aktionsart zwischen Kompositum und Simplex eine neue Scheidung durch den Gebrauch eintritt, wonach das Kompositum nur bildlich, das Simplex nur eigentlich verwendet wird, vgl. z. B. *ziehen* (doch mit den bildlichen *Zucht* und *ungezogen*, wie denn das Simplex früher eigentlich wie bildlich gebraucht wurde und das heute durchaus imperfektive *erziehen* (wir reden z. B. von vergeblichem Herumerziehen an einem, bei dem nichts anschlägt), einst eigentlich wie bildlich als Perfektiv verwendet. Andre Komposita dürfen wenigstens in der poetischen Sprache imperfektiv gebraucht werden, während sie in Prosa den Stempel der perfektiven Aktionsart tragen. *Bei diesem Gedanken erglänzten seine Augen* ist ingressiv gemeint: sie leuchteten auf, der Dichter aber darf durativ schildern: *das Meer erglänzte weit hinaus*, vgl. die Verse Walthers
 gelihenin zuht und schame vor gesten
 mugen wol eine wile erglesten.

Berührung der ingressiven as. *a*-Komposita mit den Verbalzusammensetzungen mit *ant* und *af* liegt von vornherein nahe, da ja alle drei Präfixe einen Ausgangspunkt der Verbalthätigkeit festlegen. In der That begegnen im Heliand Spuren derselben Erscheinung, die S. 11 A. 1 für den Elsass bezeugt ist.[1]

Das perfektivirende *a* steht dem perfektivirenden *gi* sehr nahe, aber auch mit dem perfektivirenden *for*, *far* berührt es sich, da sich aus der Bedeutung »bis zu Ende« leicht die Bedeutung des Vergehens entwickeln konnte. Daher im Heliand z. B. *auuerðan* und *faruuerðan* mit keinem grössern Bedeutungsunterschied als etwa unsre *zu nichte werden* und *verderben* (intr.).

3. for, far.

Über die Verteilung dieser Formen s. Gallée, as. Gr. § 80. Ihre Bedeutungsentwicklung in der Verbalkomposition lässt sich ziemlich klar darstellen, da, so

---

[1] Erwähnenswert ist hier, dass wir heute neben mehreren *er*-Komposita Komposita mit *aus*- haben, die ja eigentlich ganz dasselbe wie die *er*-Komposita sagen, aber doch für uns mehr sinnliche Kraft als sie besitzen, man vgl. z. B. die beiden Wendungen *sich etwas erdenken* und *sich etwas ausdenken*. Ähnlich schon mhd. (v. d. H. Germ. X 100,
die meister die daz kunden
ervinden und uzvunden.
Auch das Kleeblatt *auserkoren*, *auserlesen* und *auserwählt* und ihr Stiefbruder *ausersehen* seien hier nicht vergessen, bei deren Bildung und Erhaltung nicht nur die Bedeutung der Simplizia, sondern auch rhythmisches Wohlgefallen im Spiele gewesen sein wird ebenso wie bei der Bildung der vielen as. *up a-* (z. B. *-res*, *-stod*, *-sat*), von denen uns nur *auferstehen* übrig geblieben ist; für den rhythmischen Grund ihrer Erhaltung spricht, dass sie alle nur in gehobener Sprache gebraucht werden.

viel ich sehe, die hierher gehörigen Komposita des Heliand fast alle, wie ja auch die meisten nhd. *ver*-Komposita, gotischen Verben mit *fra* entsprechen, das mit griech. *πρό* und a.ind. *prá* identisch ist. Dieses *prá*, *πρό*, *fra* u. s. w. bedeutet beim Verbum ursprünglich »vorwärts«, »in der Richtung nach vorn fort«; daraus kann sich leicht die Bedeutung »weg« entwickelt haben, die für got. *fra* im ganzen wie für die meisten nhd. *ver* feststeht, eine deutliche perfektive Vorstellung, wie in *verschwinden*, *verderben*, *verklingen*,[1] *verschlingen*, *versenken*, *verjagen*, got. *frawairþan frariman*; mit a.ind. *prá-i* »vorwärts bis zu Ende gehen«, »sterben« vgl. unser »*vergehen*«.[2] Dabei liegt überall der Trennungspunkt nicht im oder am redenden Subjekt, sondern die Handlung wird zunächst ruhig vor den Augen des Zuschauers vorwärts entwickelt und kippt erst am Ende des sichtbaren Weges ab und verschwindet. Und doch muss auch die ingressive Vorstellung der Trennung vom Subjekt früh an einer Anzahl von Verben entwickelt worden sein, sonst könnte nicht im a.ind. (Delbr. idg. Synt. S. 718 u.) *prá*, wie es den Anschein hat, auch Ingressiva bilden. Delbrück sagt darüber leider nur: »Wenn man eine neu vorzunehmende Handlung im Sinne hat, so bekommt das

---

[1] Hierher gehören noch eine Reihe intransitiver *ver*-Perfektiva, denen intransitive *er*-Ingressiva zur Seite stehen, vergl. *verblühen* und *erblühen*, *verglühen* und *erglühen* u. a.

[2] Wegen dieses Bildes für den Begriff »sterben« vgl. auch die ags. *ellor scoc*, *ellor hwearf*, as. *ellior seacan* (Sievers, Hel. S. 449, und unsre volksmässigen *abfahren*, *abrutschen*, *absegeln*, *abkutschiren*.

Verbum mit *prä* einen ingressiven Sinn, der an den des Aorists erinnert.«

Das perfektive *fra* u. s. w. hat wie *ge* und *er* zuweilen auch Transitivirung im Gefolge, so in *verheeren*, in mhd. *verliegen* und *verligen*.

Die Bedeutungsrichtung nach der schlechten Seite hin liegt ursprünglich nicht in dem Adverb. Sie wird sich am leichtesten aus dem perfektivirenden *fra* erklären: »bis zu Ende« ist oft soviel wie »bis zum Nichts«, dieser absolute Verlust aber, diese Negation wird ethisch ganz natürlich als ein Mangel, ein Schade empfunden. Daher nhd. *ver.* das man unser elegisches Verbalpräfix nennen könnte, mit Vorliebe bei Verben. die denselben Mangel schon in ihrem Stamm bezeichnen, vgl. *vernichten*, ähnlich mhd. *versmahen* und *versmaehen*; doch schon mhd. auch *verniuwen*,[1] wie unsere komparativischen *verschönern*, *vergrössern*, *verbessern*. Am kräftigsten tritt der negative Charakter des Präfixes auf in Kompositen wie *versagen*, *verreden*, (auch *verbieten*), eigentlich soviel wie: etwas weg sagen, nein zu etwas sagen u. s. w.; ebenso schon griech. προειπεῖν, dessen Bedeutung freilich Delbrück aus dem Begriff des »entschiednen Heraussagens« entwickelt. Vgl. auch got. *fraqiþan* und *frakunnan*, as. *farhuggian*, *farmodian*, *farmunan*, nhd. *verachten* u. a.

In diese Bedeutungsschicht des Präfixes schlagen auch die merkwürdigen reflexiven *ver*-Komposita ein wie: *sich verkaufen* (d. h. einen schlechten Kauf thun,

---

[1] Nhd. aber *erneuen*, *erneuern*; vgl. dazu die S. 11 besprochne Bemerkung Wunderlichs über die umgekehrte Erscheinung.

zuviel bezahlen), *sich versprechen* (falsch sprechen), *sich verhauen* (falsch zuhauen; aus demselben Vorstellungskreise wie: über die Schnur hauen?), *sich verwerfen* (falsch werfen),[1] woneben überall gleichlautende Konstruktionen stehen, in denen das Pronomen reines Objekt ist.

Mit einem und demselben Verbum können sich endlich verschiedne *ver* verbinden. In unserm *vergönnen* bringt das Präfix als solches keine Bedeutungsverschiebung gegenüber dem Simplex *gönnen* hervor, man möchte eher sagen, dass beide Verba verschiednen Stimmungen, verschiednen Stilkreisen angehören; aber es gab ein altes *vergönnen*, das sich in der Bedeutung mit unserm *missgönnen* deckte. Perfektiv ist unser juristisches *verhören* (= abhören); fast den Gegensatz dazu bezeichnet Lessing einmal mit demselben Worte, wenn er in der Ankündigung der Hamburgischen Dramaturgie dem Publikum verspricht: Seine Stimme soll nie geringschätzig verhöret, sein Urteil nie ohne Unterwerfung vernommen werden. Wie diese zwei *verhören*, so stehen auch zwei grundverschiedne *überhören*, auch zwei verschiedne *übersehen* neben einander.

4. a f.

Nhd. *ab*, griech. ἀπὸ, skr. *ápa*, Grundbedeutung ist die Trennung »von-weg«. Merkwürdig ist, dass das Wort als Präposition fast überall seinen lokalen Sinn deutlich erkennen lässt, als Präfix aber sich als-

---

Auch: *sich vergehen, sich vergreifen, sich verhören* u. s. w.

bald verflüchtigt. Kein Präfix nun bietet wieder eine so bequeme Handhabe für die Ignorierung der Frage, ob ingressiv oder perfektiv: in der That entscheidet in den meisten Fällen nur der Umstand, ob die in dem betreffenden Simplex bezeichnete Thätigkeit vor oder nach den Augenblick der Trennung fällt. Aber dieses »vor oder nach« tragen wir doch nicht willkürlich bald so, bald so in den Begriff des Kompositums hinein, sondern von sich aus, von selbst sagt es das Verbum: wie *entfallen* den Punkt sichtbar macht, von dem das Fallen ausgeht, so bedeutet *entschlafen* zunächst nur: anfangen zu schlafen, nicht: die Thätigkeit des Übergehens vom Wachen zum Schlafen so lange ausführen, bis der Schlaf eintritt — ebenso wie in *abfallen, absegeln* der Anfangspunkt des Fallens, des Segelns festgelegt wird. Daran ist nicht zu rütteln, dass für jeden einzelnen Fall sofort von vornherein eine bestimmte, nur eine Anschauung mit dem Kompositum gegeben war. Diese konnte sich nun allerdings im Laufe der Zeit verschieben (man vgl. die Bedeutungsentwicklung von nhd. *hin*), aber es wurde dem Verbum nicht mit der Komposition eine Perfektivität geschenkt, die — man verzeihe den Vergleich — wie eine Mondkugel mit einer schwarzen und einer goldnen Hälfte bald so, bald so in die Hand genommen werden könnte. Wo wirklich Doppelheit gleichzeitig vorhanden ist, Ingressivität und Perfektivität, da sind das nicht verschiedne Masken eines Wesens, sondern von Anfang an verschiedne Komposita. Man darf z. B. nicht sagen, dass das eine Wort *ablaufen*, je nachdem man wolle, sowohl ingressiv das Ablaufen von dem Ausgangspunkt der Rennbahn, wie perfektiv das Verlaufen des Wassers bedeuten könne; es sind das vielmehr zwei gleichklingende, aber verschieden geborene *ablaufen*, so sicher wie auf verschiednem Wege die beiden Bedeutungen von βαλεῖν (abschleudern und treffen) entwickelt worden sind.

Aus Begriffen wie *ablösen, abschneiden, abbrechen*, d. h. soweit lösen, schneiden, brechen, bis die beiden Teile völlig getrennt sind, ergab sich perfektivirende Bedeutung des Präfixes, die dann auch fast ohne jeden Trennungsbegriff erscheint, z. B. in *abessen*, etwas *abmachen* = ausmachen, festmachen (so vereinigen sich geistig die körperlichen Gegensätze!); daher, wie *smache* und *niht* ein *ver* an sich zogen (s. S. 35), nun auch hier das bildliche *abschliessen* = beendigen. Im Heliand scheint so *afstandan* »stehen bleiben« zu bedeuten [vgl. nhd. *abgestanden*?], ähnlich wird auch die perfektivirende Kraft des griech. ἀπό entstanden sein, z. B. in ἀπεργάζομαι, ἀποκτείνω u. v. a., darunter ein ἀποτελέω wie oben *abschliessen*.

Daneben hat der Begriff der Trennung in *ab* zu einer ähnlichen Bedeutungsentwicklung geführt wie sie S. 35 für *ver* dargestellt worden ist. Daher as. *afunnan, aftihan* (= einem ahd. *firzihan*), vgl. auch *Abgott* und die fast negirenden und doch noch ganz sinnlich zu verstehenden *abhold, abgeneigt* u. s. w.; ähnlich got. *afaikan* absagen, leugnen, verleugnen und *afqipan* absagen, entsagen (vgl. *verreden* u. s. w. S. 35) und griech. ἀποδοκεῖ es missfällt.

5. ant.

Got. and(a), griech. ἀντί, lat. ante, skr. ánti. Grundbedeutung ist nach Delbrück (§ 290) »vor sich, in der Nähe«, eine Angabe, die den Bedeutungskern nicht genügend erkennen lässt; ich setze als Grundbedeutung an »unmittelbar gegenüber«, wozu sich ganz gut der im a.ind. wiederholt auftretende Gegensatz »in der Ferne« denken lässt. Über die Bedeutung des got. *and* bemerkt Delbrück, dass sie »nicht unerheblich« von den andern Sprachen abweiche. »Zwar in der Zusammensetzung zeigt das germ. *and-*, *ent-* noch ein gelinderes oder stärkeres »gegenüber, gegen«, aber die Präposition *and* (mit dem Akk.) zeigt die entfernter liegende Bedeutung »entlang, über hin« z. B. *usgagg and vigans jah fapos* ἔξελθε εἰς τὰς ὁδοὺς καὶ φραγμοὺς Luk. 14, 3; *jah meriþa urrann and all gavi bisitande bi ina* καὶ φήμη ἐξῆλθε καθ' ὅλης τῆς περιχώρου περὶ αὐτοῦ Luk. 1, 14; *run gavaurhtedun sis alla so hairda and driuson in marein* ὥρμησε πᾶσα ἡ ἀγέλη τῶν χοίρων κατὰ τοῦ κρημνοῦ εἰς τὴν θάλασσαν (also faktisch soviel wie »herab«) Matth. 9, 32; *unte is and pata munaida þairhgaggan* ὅτι δι' ἐκείνης ἤμελλε διέρχεσθαι Luk. 19, 4.«

Die Erklärung für den Übergang von der Bedeutung »gegenüber, gegen« zu der allerdings scheinbar nicht gerade nahe liegenden »entlang« giebt das merkwürdige Wort *entlang* selbst an die Hand. Wie Sievers klar gezeigt hat,[1] bedeutet es eigentlich »entgegen-

[1] Festgruss an Böhtlingk, S. 110 fg.: trotzdem hat Kluge dem verhältnismässig jungen nordischen *endelangr* zu liebe an der Verknüpfung mit *Ende* festgehalten. — Am Ende ist *Ende* erst dem *ent* entsprungen: im Skr. überwiegt für *ánta-s* die Be-

strebend«, und es ist ja auch leicht zu begreifen, dass sich in einer Wendung wie *dem Saal* (d. h. der Längsrichtung des Saales) *entgegenstrebend* der Sinn von unserm *den Saal entlang* entwickeln konnte. Genau so haben wir es uns vorzustellen, wenn der Gote von einem *gaggan and vigans* redete; er meinte damit: der Richtung des vor einem liegenden, einem gleichsam entgegenkommenden Weges entgegengehn.

Aber diese eigentümliche Bedeutungsentwicklung der Präposition hat das Präfix nicht mitgemacht. Vielmehr ist es die Vorstellung der Trennung zweier unmittelbaren Gegenüber, die in den vielen germanischen ingressiven *and-, ent-*Kompositionen steckt, vgl. *entspringen, entspriessen, entfallen, entstehen* u. s. w. Diese Vorstellung, die auch zu der Schreibung *entzwei* beigetragen haben wird, die Vorstellung des Auseinanders, hat dann die Bildung von Kompositen ermöglicht wie as. *antlukan, anthlidan,* mhd. *entsliezen*;[1] die Vorstellung der Trennung eines beweglichen von einem festen Körper hat Zusammensetzungen herbeigeführt wie *entkleiden, entwaffnen,* die wie *entsliezen* faktisch das Gegenteil vom Simplex bedeuten. Dieselbe Erscheinung wie in *vernichten* und dem bildlichen *abschliessen* liegt für dieses Präfix vor in *entblössen,* schon ahd. *antnachuton.*

Wegen Berührung der ingressiven *er-* und *ent-*

---

deutung »Grenze«, ich wüsste nichts im Leben zu nennen, für dessen Wesen und Begriff das unmittelbare Aneinanderstossen zweier Gegenüber so wichtig wäre wie für die Grenze.

[1] Ja auch mhd. *entuon* für *ent-tuon*, wie schon as. *antdon* öffnen.

Komposita vgl. S. 33; Berührung mit *ver* und *ab* entsteht (z. B. in as. antquedan) infolge starker Betonung des sekundären Trennungsbegriffs.

6. an.

Got. *ana*, griech. ἀνά, zd. *ana*. Als älteste erkennbare Bedeutung des Adverbs setzt Delbrück (§ 289) an »Bewegung nach aufwärts, Erstreckung über eine Fläche hin«.[1] »Got. *ana* hat diese Bedeutung nicht mehr, vielmehr hat sich aus »durch [durch?] etwas hin« die Bedeutung »auf, an, zu etwas hin« entwickelt«. In der That bedeutet got. *ana* mit dem Akk. genau: an die Oberfläche von. So kommt die Taube (der heilige Geist) an den Herrn, er setzt sich an das Füllen, das Schiff stösst ans Land; χεῖρας ἐπιβάλλειν ἐπί übersetzt Wulfila mit *uslagjan handuns ana*, πίπτειν ἐπὶ πρόςωπον mit *driusan ana andvairþi*. »Auch »gegen« (feindlich): jah jabai Satana usstoþ ana sik silban: καὶ εἰ ὁ Σατανᾶς ἀνέστη ἐφ᾽ ἑαυτόν Mark. 3, 26.« Hier braucht man das feindliche, das ja in der Sache

---

[1] Wie hat man sich diese beiden Begriffe aus einander oder aus einem dritten entstanden zu denken? Delbrück fragt nicht darnach, diese Frage muss aber aufgeworfen werden, denn die »Bewegung nach aufwärts« ist für uns etwas wesentlich andres, als die »Erstreckung über eine Fläche hin«. Da hilft der Begriff der »hohen« See. Die Fläche, die sich vor dem Auge horizontal in die Ferne dehnt, steigt in der That für das leibliche Auge empor. Eine Bewegung auf dieser Fläche hin ist, materiell gesehen, ein immer weiteres, freilich auch immer langsamer fortschreitendes, Emporsteigen: diese Bewegung wird das fragliche idg. Adverb bezeichnet haben. Vgl. Nibelungen Z 299, 1, 3; Gudrun 539, 2; Iwein 5288; Tristan 2794; Claws Bur 468.

liegt, noch gar nicht einmal in der Präposition zu suchen; man wird besser thun, getrost die kühne Vorstellung nachzudenken, dass der Satan an sich selbst gerät. Doch ist aus andern got. Beispielen ein reines »gegen« ohne Berührung bezeugt, s. Schulze g. Gl. s. v. B 1 f γ.

Aber dieses *ana* mit Akkusativ, das Delbrück, wohl im Anschluss an Schulzes lexikalische Sammlung, zuerst behandelt, verdankt sein Leben erst einer verhältnismässig jungen Bedeutungsverschiebung. Viel älter, noch mit dem idg. Gebrauch in Einklang, ist got. *ana dag* »den Tag über«. Dem steht noch nahe *ana allos aikklesjons* διὰ πασῶν τῶν ἐκκλησιῶν, eigentlich: über alle Kirchen hin, wobei sie ursprünglich alle auf einer Fläche zerstreut vorgestellt worden sind, über die sich die Handlung hin erstreckt. Man darf vermuten, dass derartige Verbindungen mit pluralischem Objekt mit der Zeit distributiv gefühlt worden sind und sich so aus der Bedeutung »über eine Fläche hin« die junge Bedeutung entwickelt hat: an den und an den und an den Punkt der Fläche. Schliesslich erwuchs daraus die Möglichkeit, *ana* auch zur Bezeichnung nur eines erreichten Punktes zu verwenden. Parallel mit dieser Entwicklung ist die Entstehung der Konstruktion von *ana* mit Dativ anzusetzen.

Die neue Bedeutung von *ana* »an« überwiegt nicht nur im Gebrauch der Präposition, sondern scheint allein zu herrschen in dem Präfix. Daher got. *anagaggan* herankommen, *anameljan* aufschreiben, *anabiudan* anbieten (mit *anabusns* vgl. *Antrag*); as. *anbitan*, *anbiodan*; hochd. *angreifen*, *anfühlen* u. s. w.

u. s. w., wovon man alle die als Perfektiva bezeichnen kann, die transitiv sind. Doch ist zu beachten, dass diese Transitivirung kein Ergebnis der Perfektivirung ist, sondern darauf zurückgeht, dass schon das frei stehende *ana* bei Richtungsverben mit dem Akkusativ verbunden wurde.

Die ingressiven *an*-Komposita zu erklären, ist nicht leicht. Ursprünglich kann ja *an* mit dem Akkusativ des Ziels nur perfektive Komposita gebildet haben. Vielleicht haben Verben wie *analagjan*, *anakumbjan*, die leicht im Gegensatz zu dem darauf folgenden durativen Begriff des Liegens gefühlt werden konnten, den Anstoss gegeben zu gotischen Bildungen wie *anasilan*, *anaslawan*, *anaslepan*, wahrscheinlich haben auch Begriffsverschiebungen von ursprünglichen Perfektiven zu Ingressiven stattgefunden, und endlich hat vielleicht der Umstand gewirkt, dass die Bewegung »an-heran« immer den Anfang, die erste Berührung bildet zu einem dauernden Sein oder Beschäftigtsein bei etwas.

Die Thatsache, dass die ingressiven *an*-Komposita sich so gut wie decken mit den entsprechenden *ent*- und *er*-Kompositen, findet im Heliand ihren Ausdruck in der Erscheinung, dass von beiden Handschriften an mehreren Stellen die eine *an*, die andre *ant* oder die eine *an* und die andre *a* bietet (wobei doch zum Teil auch lautlicher Zusammenfall vorliegt, wie ags. *on* deutlich zeigt).

Und so hätte sich von der Urbedeutung des Adverbs keine Spur mehr in seiner präverbiellen Stellung erhalten? Vielleicht doch. Delbrück verzeichnet *ana*-

kunnan »lesen« mit der Bemerkung, dass wir dabei »den Gedanken der auf einen Gegenstand hin gerichteten Thätigkeit« empfänden.[1] Kann sein, dass wir das bei »lesen« empfinden; was der Gote bei *anakunnan* empfunden hat, wissen wir nicht. Empfiehlt es sich nicht, *anakunnan* mit ἀναγιγνώσκειν zusammenzuhalten? Ich glaube, dass *ana* in beiden noch bedeutet »über hin«, d. h. hier: über das Wort, über die Zeile hin, von Buchstabe zu Buchstabe, und erinnere zur Auffrischung der alten Vorstellung an die Bedeutungsgeschichte von lat. *legere* und nhd. *lesen*.

7. bi, be (umbi, of).

Die Geschichte dieses Präfixes ist sehr dunkel. Auch was jetzt Delbrück (§ 280) darüber sagt, scheint mir nur wenig geeignet, sie aufzuhellen. Ob er das richtige trifft, wenn er unter anderm meint, in *biskaban, bikukjan* bedeute das Präfix »hin — zu«? Ferner giebt er an, bisweilen könne man wohl lat. *ob* auch durch »um« übersetzen, z. B. in *obsideo, obvallo*, »aber *obsideo* kann natürlich auch bedeuten: sich auf etwas los in Bewegung setzen«. Ob es das je bedeutet hat? »In *obvallo* ist *ob* nicht anders zu verstehen, als in ai. *abhí-dah* eig. »bebrennen«, dann »mit Flammen umgeben«.« Ich muss bekennen, dass ich es nicht zu

---

[1] Wunderlich würde wohl auch hier den mittelalterlichen Leseapparat wittern. S. 206 seines »Deutschen Satzbaus« sagt er: »Wenn Hartmann v. Aue *an* den buochen las, so stellt uns das klar den mittelalterlichen Apparat vor Augen, während es für unser kurzsichtiges Geschlecht bezeichnend ist, dass wir *in* den Büchern lesen.« Dazu vgl. Hildebrand, Vom deutschen Sprachunterricht, 3. Aufl. S. 264.

verstehen vermag, wie *bebrennen* gegenüber der Wendung *mit Feuer umgeben* »eigentlich« genannt werden kann. Delbrück glaubt weiterhin, got. *bisitan* (περιοικοῦν) und ags. *bisittan*, as. *bisittian* (obsidere) seien »nur gezwungen« vereinbar und hält es deshalb »für wahrscheinlich, dass das *bi* des ags. und alts. Wortes dem ai. *abhi* entspricht, wie es bei Verben erscheint. das got. *bi* in *bisitan* aber dem griech. ἀμφί«. Eine den Goten und Griechen gemeinsame Spracheigentümlichkeit gegenüber einer den Angelsachsen und den alten Indern gemeinsamen Eigentümlichkeit ist gewiss an sich denkbar, derartiges kommt wohl auch auf dem Gebiete der Formenlehre zur Genüge vor; ob sich aber diese Trennung der germanischen Brüder im Angesicht ihres gemeinsamen Besitzes von *bisitan* empfiehlt, fällt mir doch schwer zu glauben, zumal da mir das einheitliche der Bedeutung des got. *bisitan* und des as. *bisittian* (»um etwas herum sitzen, lagern«) in die Augen zu springen scheint — ich will gar nicht daran erinnern, dass kaum mehr als zweihundert Jahre zwischen Wulfilas Bibelübersetzung und der Zeit liegen, wo Angeln und Sachsen und Goten im heutigen Norddeutschland noch ziemlich nahe bei einander sassen.

Die Grundbedeutung des nhd. *be* vor Verben lässt sich am besten dadurch anschaulich machen, dass man die glockenartig gekrümmte Hand auf das Objekt setzt und es so umfasst. Man denke an Verba wie *befallen, bescheinen, bewerfen, begiessen*; nur um ein geringes anders, mehr distributiv, wirkt *be* in *bestecken, betasten, befühlen, beriechen, besehen*; wieder ein wenig verschoben, doch nur infolge der Bedeutung der Simplizia, erscheint es in *bewinden*, *bekränzen* u. s. w. Gemeinsam ist ihnen allen die Umfassung des Objekts. Solange daher nicht schlagendere Gründe als die Delbrückschen vorgebracht worden sind, wird man sich der Annahme nicht verschliessen dürfen, dass got. (germ.) *bi* sich zu griechisch ἀμφί verhalten könnte, wie got. *bai* zu gr. ἄμφω, dass also nhd. *um* (aus *umb* [d. i. ἀμφί) + *bi*) nur eine Doppelung wäre (wie *zusammenge*-rinnen) und dass *um* und *be* und ἀμφί und ἐπί und lat. *amb* und *ob* alle miteinander verwandt wären. Es ist hier nicht der Ort, zu zeigen, dass in der That mit der oben angegebenen Grundbedeutung von *be* diese ganze Verwandtschaft auch innerlich begründet werden könnte.

Was die Aktionsart der *bi*-Komposita betrifft, so ergiebt sich, dass das Präfix (etwa wie »zusammen«) Verba der Bewegung perfektivirt, Verba der Ruhe nicht. Die entstehenden perfektiven Komposita sind alle transitiv. Ob nur infolge der Perfektivität der Handlung, oder auch infolge alter Akkusativkonstruktionen von freistehendem *bi*, ist nicht für jeden einzelnen Fall zu entscheiden.

So anschaulich der alte Sinn der Partikel in einer Anzahl von Verben noch ist, ihr bei weitem grösstes Gebiet erfüllt sie doch heute mit ihrer Fähigkeit zu transitiviren, und zwar nun ohne Veränderung der Aktionsart, ohne sichtbare Änderung des Verbalbegriffs. Wie weit diese den Satzbau erleichternde und deshalb reichlich ausgebeutete Fähigkeit geht, zeigen Verba wie *beanspruchen. be* darf schlechthin unser transitivirendes Verbalpräfix heissen.

Über as. *umbi*, um das gleich hier anzuschliessen, ist wenig zu sagen. Wie *be* führt es nur bei Verben der Bewegung zur Perfektivität. Als Präfix darf es nicht bezeichnet werden: gewöhnlich ist es bei Hauptsatzstellung vom Verbum getrennt, z. B. 3679: *Huarf ina megin umbi*, doch vgl. auch 5490: *folc ina umbihuarf*. Ähnlich verhalten sich in dieser Beziehung *to* und *up*, beides keine Präfixe, keines von beiden perfektivirt auch den zugehörigen Verbalbegriff, *up* (aufwärts) nur in der Verbindung mit *an*.

In die Familie *be*, *um* u. s. w. gehört noch as. *of*, wie J. Beckering-Vinckers richtig gezeigt hat.[1] Es deckt sich in der Bedeutung (*ofsittian* besitzen, *ofsteppian*[2] betreten) vollkommen mit unserm *be* und transitivirt wie dieses.

8. ti te, thurh, undar, uuidar.

a) *ti*, *te*, unser *zer*, ahd. *zir*, *zar*, *zur*, vgl. Kluge et. Wb.[5] s. v.: »ein gemeinwestgerm. Verbalpräfix mit der Bedeutung »aus einander«. Das Got. kennt nur ein *tvis* als Verbalpartikel in *twisstandan* »sich trennen«; daneben besteht ein Nominalpräfix got. *tuz*, ahd. *zur*, anord. *tor*, welches dem gr. δυς-, skr. *dus*- »übel, schwer« gleichsteht.«

Die Bedeutung »aus einander« führt zur Bildung von Ingressiven, wenn die Handlung des Simplex auf diese Trennung folgt (*zerfallen* z. B. von einer mor-

---

[1] Tijdschr. voor Ned. Taal- en Letterk. 1882. — Lautlich stehen diesem *of* am nächsten lat. *ob* und skr. *abhi*.
[2] Ich halte Hel. 984 die Lesart von C und P für richtig.

schen Säule, die birst und deren Teile dann stürzen), zur Bildung von Perfektiven, wenn das Auseinander der Abschluss einer Handlung ist (*zerfallen* z. B. von einem Topf, der vom Sims fällt und unten zerschellt; hierher auch *zerschlagen*, as. *teslahan* u. s. w.). Komposita wie nhd. *zerbersten*, as. *tecleoban* zeigen dieselbe Erscheinung wie *vernihten* (s. S. 35).

b) *thurh*, nhd. *durch*. Das Präfix,[1] dessen Bedeutung »durch — hindurch« eigentlich von einem Durchbohren gesagt worden sein wird, bildet überall im germ. Perfektiva, vgl. got. *þairhgaggan, þairhleiþan, þairhsaikvan*; ahd. *duruhporon, duruhgraban, duruhstechen*; as. *thurhgangan, thurhslopian* u. s. w. Der Urbegriff tritt zurück an Stelle des allgemeineren, nicht minder perfektiven »ganz« z. B. in mhd. *durchmartren, durchlegen* d. i. ganz mit Zierraten besetzen.

c. *undar*. Kluge (et. Wb.[5] s. v.) führt unsre *unter*, ahd. *untar*, got. as. *undar* u. s. w. zurück auf idg. *ṇdhér*, wozu auch lat. *infra* gehört. Für alle die *unter*, die sub bedeuten, gilt diese Ableitung in der That, also auch für as. *undargripan* subigere. Unser *unter* dagegen in *unterscheiden, unterbrechen* wird andrer Herkunft sein. Ich stelle es mit as. *undar* in *undarhuggian, -thenkian, -uuitan*, mit neuengl. *under-* in *understand* zu lat. *inter* (idg. *enter* [?] mit der Grundbedeutung »dazwischen«), vergleiche wegen der Bildung

---

[1] Verwandtschaft mit *dringen*, die Kluge (et. Wb.[5] s. v.) für möglich hält, lehne ich ab mit Hinweisung auf den ganz andern Grundbegriff von *dringen* (vgl. auch Kluges Artikel *dringen*); für wahrscheinlich halte ich dagegen Zugehörigkeit zu Wurzel *trek* (*drechseln, torqueo* u. s. w.)

das lat. *internoscere* und verweise wegen der Bedeutungsentwicklung auf lat. *discernere*, griech. διαγιγνώσκειν. Zum Beweise dafür, dass die Möglichkeit »dazwischenzusehen« in ein »scharfes Erkennen« übergehen kann, sei es erlaubt, einen Satz aus Ares Isländerbuch (7, 9) anzuführen: *En ener heiþno menn hurfo saman meþ alvæpne, oc haffe svá nær, at þeir monde beriasc, at eige of sá á miþle.*

d. *uuidar* (nhd. *wider* u. s. w.) bezeichnet als Verbalpräfix im Heliand weiter nichts, als dass die Thätigkeit des Simplex, im Gegensatz zu einer vorhergegangnen, jetzt in umgekehrter Richtung verläuft, perfektivirt also nicht.

II. Aktionsarten des Verbums im Heliand.

Vorbemerkung.

Es hat keinen Zweck, jede Verbalform des Heliand in dieser Darstellung vorzuführen und an ihr die Frage zu entscheiden, ob durativ oder momentan, ob ingressiv oder perfektiv. Es genüge hier die Versicherung, dass ich durch die ganze Dichtung hindurch jeden Verbalbegriff auf diese Fragen hin geprüft habe: im folgenden gebe ich eine charakteristische Auslese aus dieser Arbeit. Ich zitire nach dem Monacensis der Ausgabe von Sievers, den auch ich im ganzen für die kritisch wertvollere Handschrift halte. Wo er lückenhaft ist, musste natürlich der Cottonianus eintreten, den ich dann allemal ausdrücklich bezeichne (C). Ich bespreche zuerst die perfektiven Komposita im Gegensatz zu ihren durativen Simplizien, dann die perfektiven Simplizia und zum Schluss die wenigen unperfektivirten Simplizia.

1. Perfektive Komposita.

standan ist in seiner eigentlichen Bedeutung »stehen« natürlich durativ, z. B. 4286 *Huo lango scal standan . thius uuerold?* 2378 *He stod im tho bi enes uuatares stade. gistandan* ist ingressiv wie *astandan*, beide bedeuten also »zum Stehen kommen«, *gistandan* mit dem Gegensatz des Gehens, *astandan* mit dem des Liegens: *astandan* = erstehen, aufstehen und auferstehen (*up astandan*). 660 heisst es von den drei Heiden aus dem Mohrenlande: sie folgten dem Stern,

antthat sie [C *thuo*] *gisohun siduuorige man
berht bocan godes blec an himile
stillo gistandan.*

Der Stern ist nach der alten Auffassung vor ihnen her gewandelt: *gistandan* ist also soviel wie »Halt machen«, was ganz genau der Vulgatastelle entspricht: Mt. 2, 9 *usque dum veniens staret.*

Ein ganz andres *gistandan* liegt vor, wenn z. B. 2195 f. Christus zur Mutter des Jünglings von Naim sagt:

*Thu scalt hir craft sehan
uualdandes giuuere: thi scal hir uuilleo gestanden.*

Dir soll hier dein Wunsch erfüllt werden, etwas angenehmes soll dich treffen, eigentlich: soll mit dir zusammentreten; *ge* hat hier seine alte lokale Kraft und das Kompositum steht mit dem ursprünglich zu dem Adverb gehörigen Dativ-Soziativ verbunden, vgl. S. 9, Anm. 3. Gerade dieses alte *gistandan* ist im Heliand in ähnlichen Wendungen ziemlich häufig; hierher gehört auch das einmal belegte Partizip Praeteriti *gistanden*:

2987 *quad that iru uuari harm gistanden.*

Ein Beispiel für *astandan* C 2201:

hiet ina so alaiungan upp astandan;

ganz ähnlich 2331 u. ö. Einfach durativ ist *uuiderstandan,* 1152 *(scal) uuiderstanden them mid stridu*. *Antstandan* ist nicht unser ingressives »entstehen«, sondern ein perfektives »gegenüber Stand halten« (transitiv wie nhd. *bestehen*); beachte auch die negirten *mugan* in den beiden Beispielen:

Tho ni mahtun ...
3153 *thea is mikilon maht thea man antstandan.*
4853 *ni mahte* (sc. *that uuerod*) *that uuord godes thie stemnie antstandan.*

Ebenso ist *afstandan* nicht etwa unser ingressives »abstehen von etwas«, sondern rein perfektivisch (vgl. S. 38)

796 *forun im eft thie liudi thanan uueros an iro uuillion, endi thar an them uuiha afstod mahtig barn godes*

desgl. 4280 f.

noh uuirdit thiu tid kuman that is afstanden ni scal sten obar odrumu,

wo es wie 3700 (*ni afstad is felis nigiean*) geradezu »stehen bleiben« bedeutet, in dem letzten Beispiel, da es präsentisch steht, mit einem Hinweis auf die Zukunft. — Das eigentümlichste Kompositum von *standan* ist *farstandan* (*forstandan*). Es entspricht zunächst in der Bedeutung unserm »vertreten«, »verteidigen«

4474: *huand ina thit heriscepi uuili farstandan mid stridu*

dann unserm »verstehen«, so oft, z. B. 187 *Thea liudi forstodun*. Wie hängen beide Bedeutungen zusammen?

Ein got. *frastandan ist nicht bezeugt, deshalb darf unser Kompositum mit got. faurastandan zusammengebracht werden. Dass sich aus »vor einem stehen« die Bedeutung »ihn vertreten« (vor Gericht z. B.) entwickeln konnte (vgl. auch προστάτης und was damit zusammenhängt), braucht nicht bewiesen zu werden. Auch in vertreten wird so, wie in den bedeutungsverwandten Verweser, verwesen ja ganz sicher feststeht (vgl. got. faurawisan), dieses ver > vor anzunehmen sein, das dann in verteidigen eine neue Stätte gefunden haben mag. Vermutlich erklärt sich nun der Bedeutungsübergang zu dem geistigen verstehen daraus, dass, wer ein Ding erkennen will, genau kennen lernen will, sich davor stellt und wer davorsteht, es genau übersieht.[1] Mhd. entsten, eigtl. »sich unmittelbar gegenüberstellen von« würde, wie man sieht, recht gut dieselbe Deutung vertragen, ebenso griech. ἐπίσταμαι. An Stelle von ags. forstondan ist später understand eingetreten im Anschluss an andre Verben des Erkennens, die mit under zusammengesetzt waren, vgl. S. 48.

An sich durativ wie standan ist sittian, z. B.

54S   Tho sie Herodesan thar rikean fundun
         an is seli sittien.

Ob zwischen dem Simplex und gisittian im as. derselbe Unterschied war wie zwischen standan und gistandan, lassen die Beispiele, die der Heliand bietet, nicht mit Sicherheit entscheiden. 4554 heisst es:

Giuuet imu tho an themu abande   alouualdand Krist
an thene seli sittien

[1] Vgl. auch das mhd. Wb. II, 2, 587.

und 1248
*Tho giuuet im mahtig selb
an enna berg uppan barno rikiost
sundar gesittien.*

Inhaltlich vermag ich hier keinen Unterschied zu finden; vielleicht ist an dem Simplex im ersten Beispiele das rythmische Gefühl des Dichters schuld, auch wird man das *sittien* 4555 als begrifflich weniger wesentlich bezeichnen dürfen als das *gesittien* 1250. Als gewiss lässt sich nur soviel sagen, dass die Beispiele für *gesittian* überall die Möglichkeit zulassen, das Kompositum ingressiv zu fassen — auf der andern Seite lässt sich aber auch das Simplex ingressiv übertragen, sobald die Handlung im Gegensatz zu einer vorhergehenden andern berichtet wird.[1] Deutlich ingressiv und vollkommen parallel zu *astandan* ist *asittian* C 2202: *Thie rine up asat.* Durativ sind wiederum *bisittian* und das fast ganz gleichwertige *ofsittian*:

3694 *thi bisittiad slidmode man*

1305 *thie motun thie marion erde ofsittien that selbe riki.*

liggian bleibt, so oft es begegnet, immer durativ, z. B.

406 *he thar biuundan ligid that kind an enera cribbiun.*

3336 *lag imu dago gehuilikes at them durun foren.*

---

[1] Auf demselben Grunde beruht es, dass auch *standan* in der alten Sprache nicht bloss Stand haben, sondern auch Stand gewinnen bedeutet. Ich kann noch heute ebenso gut einem Gehenden, der halt machen soll, wie einem Stehenden, der nicht fortlaufen soll, zurufen: *bleibe stehn!*

An einer einzigen Stelle erscheint es mit *gi* zusammengesetzt, und da ist wohl die ingressive Bedeutung »zu liegen kommen« in dem Kompositum enthalten:

2390   *Sum it an hardan sten*
obanuuardan fel, erdon ni habda,
that it thar mahti uuahsan eftha uurteo gifahan
kinan eftha bicliben, ac uuard that corn farloren
that thar an theru leian gilag.

Der Dativ nach *an* braucht diese Auffassung nicht zu stören: es kommt in verschiednen indogermanischen Sprachen vor, dass derartig momentan gewordne Verbalbegriffe mit einer lokalen Ruheangabe verbunden werden, vgl. lat. *convenire in* c. abl. Grade für das as. und das ags. ist diese Thatsache des nähern schon nachgewiesen, vgl. Beitr. 12, 189 ff. und die Dissertation von R. Steitmann »Raumanschauung im Heliand«.

uuonon ist ursprünglich soviel wie: sich dauernd aufhalten. Der Übergang zu der spätern engern Bedeutung zeigt sich z. B.

663   *ouar them huse thar that helage barn*
uuonode an uuilleon.

In *thurhuuonon* liegt das Durchmessen von Anfang bis zu Ende, es ist also durativ-perfektiv, z. B.

C 3461   *thia an them uuingardon*
adro an uhta arbidlico
uuerc bigunnun endi thuruuuonodun forth
erlos unt aband.

Zweimal begegnet *giuuonon*, aber nur das eine Mal perfektivisch, nämlich 3037, wo es bedeutet: ausharren:

*the jungaron the he imu habde be is gode gicorane, that
sie mid imu gerno geuuonodun.* Von C 3957 ab heisst es:

*habda iungron mid im,
thia is saligun gisithos thia im simlon mid im
uuillion uuonodun: suohta uuerod oder,
deda thar so hie giuuonoda drohtin selbo
lerda thia liudi.*

Hier kann das Kompositum nur bedeuten: wie er gewöhnt war; es gehört also zu einem *giuuonon*, das von *giuuono* abzuleiten ist.

Zu den meisten der intransitiven Verba der Bewegung hat das as. auch perfektive Komposita. Das Simplex *gangan* ist wie in allen germanischen Sprachen durativ,[1] wie sich unmittelbar aus seiner Bedeutung ergiebt: gehen, wandeln, hin- und hergehen. C 5965 *Hui gangat gi so gornondia* warum geht ihr so traurig einher? — 2920 *Tho gisahun sie uualdand Krist an themu see . . gangan.* Von den Kompositen sind die meisten perfektiv, am deutlichsten *agangan* und *gigangan*. C 47 *thiu fiui* (die fünf Zeitalter) *uuarun agangan* waren zu Ende gegangen. 239 *that uuiti uuas tho agangan* die Strafe Gottes war vorüber. *gigangan* heisst gradezu »kommen«, z. B. 4779 *that it so gigangan scal* dass es so kommen soll. Von diesem perfektiven *gigangan* trenne ich aber wieder (s. *gistandan* S. 51, *gigangan* mit Dativ(-soziativ), das bedeutet: zu teil werden, eigentlich: einem beitreten. Dieser lokale Sinn kann noch ganz gut zu tage liegen V. 1481: *that*

---

[1] Was gegen Kluges Etymologie ins Gewicht fällt.

he beginna thero girnean thiu imu gegangan ni scal.
fargangan ist ebenso perfektiv wie *thurhgangan*, von
Hause aus ingressiv ist *tigangan*. Eine auffällige Häufung von Ortsadverbien bei »gehen« bieten die Verse
1790 fg.
Eo gi thes drohtin sculun
uualdand biddien, that gi thana uueg motin
fan foran antfahan endi ford thurh gigangan
(C nur *thurugangan*)
ford vorwärts, *thurh* hindurch von Anfang bis zu
Ende, *gi* bis zu Ende. *bigangan*, ein transitives Imperfektivum, erklärt Heyne mit »hüten, für etwas sorgen«.
Man könnte an der einzigen Stelle, wo das Wort im
Heliand belegt ist, an sich auch ganz gut mit der
Bedeutung »betreten« auskommen, 4162 *huand he that*
hus godes thar an Hierusalem bigangan scolde, uuardon
thes uuihes. Es war bekanntlich ein Hauptvorrecht
des Hohenpriesters, am grossen Versöhnungstage das
Allerheiligste des Tempels zu betreten. Doch macht
das parallele *uuardon* diese Bedeutung unwahrscheinlich. Die Bedeutung »pflegen« wird sich in der That
schon entwickelt haben. Wahrscheinlich verhält sich
die Wendung *that hus godes bigangan* zu dem rein
lokalen *gangan umbi thana altari* ähnlich wie *besorgen*
zu *sorgon umbi*, *bewinden* zu *winden um etwas*.

Wie *gangan* bedeutet *huerban* absolut: gehen, hin
und hergehen, so heisst es z. B. in der lebendigen
Schilderung von dem Gastmahle, das Herodes an
seinem Geburtstage giebt, 2740: *skenkeon huurbun,*
gengun mid goldfatun. Genau entsprechen sich auch
begangan und *behuerban*, das 91 begegnet: *so scolda*

he at them uuiha uualdandes geld helag bihuueruan.
Das Partizip *gihuorban* weist auf die Urbedeutung von
huerban, sich drehen, zurück (vgl. *Wirbel*), es heisst
»gewendet«.

Hlopan selbst ist im Heliand nicht belegt, nur
einmal *ahlopan*. Heyne erklärt es mit »hinzulaufen«,
an diese Bedeutung ist aber nicht zu denken, Schmeller
hat es richtig durch *exsilire* wiedergegeben (schon got.
ushlaupands ist Übersetzung von ἀναπηδήσας). So heisst
es von den gestürzten Kriegsknechten 1855 *ahliopun
eft up an themu holme*.[1] Das Simplex bedeutet nicht
»laufen«, sondern wie ags. *hleapan* springen. Vgl. auch
Beow. 1398: *Ahleop pa se gomela*, er sprang empor.

Faran ist »sich in irgend einer Richtung wandernd,
ziehend, reisend, fahrend bewegen«: imperfektiv.
Durativ-perfektiv sind Wendungen wie *faren an thiu
berhtun bu* (3654) oder 201: *Tho forun thar uuise
man . . . tesamne*, momentan-perfektiv 4497 *gifaren is
fader odil*, eingehen in seines Vaters Heimwesen.
Bemerkenswert ist die transitive Konstruktion, die sich
auch hier sofort mit der Vollendung des Verbalbegriffs
eingestellt hat.

hnigan, sich neigen, sinken ist als Imperfektivum
oft belegt: z. B. 1579 *than gi te thero bedo hnigad*,
gihnigan liesse sich als Perfektivum dazu so erklären,
dass das Simplex die Bewegung des Hauptes oder des
Körpers an sich, das Kompositum diese Bewegung bis
zum Eintreten der gebeugten Haltung bezeichnete.
Dazu stimmt, wenn man will, dass *gihneg* (nur diese

[1] Heyne ist vermutlich durch Mt. 26, 50 Tunc accesserunt
u. s. w. zu seiner Annahme verführt worden.

Form begegnet) nur da steht, wo ein Gebet folgt, während das grüssende »sich verneigen« immer nur durch *hnigan* ausgedrückt ist. Die drei *gihneg* (981, 3122, 4744) sind mit einem Dativ *im, imu* verbunden, den Heyne als reflexivum auffassen will. 981 ist daran nicht zu denken, Johannes der Täufer neigte sich vor Christus, ebenso Christus 4744, wie seine Jünger, vor Gott dem Vater. So ist wohl auch unter dem *imu* 3122 nicht Christus zu verstehen, sondern der Vater, der zwar vorher nicht ausdrücklich genannt ist, auf den aber die Beziehung ganz nahe liegt. Keinesfalls ist, wie Heyne will, der Dativ bei dem Simplex reflexiv zu fassen, wenn es von den Kriegsknechten heisst

C 5502 *queddun ina an cuninguuisu endi thar an knio fellun*
hnigun im mid iro hobdu.[1]

Das Simplex *lidan* ist durativ, 1929:

Than gi lidan sculun . . al so iu uuegos lediad

farlidan perfektiv: 4668 *er than thius thiustrie naht . . . farlitha*, vorübergehe. Auch das nur 154 belegte Partizip *gilidan* ist zu entschieden perfektiv, als dass man es als rein formelles Partizip zu *liðen* auffassen möchte: *is unca lud giliden* vigor abiit.

steppian, treten, macht das Heben der Beine und

---

[1] Dass die Konstruktion (der blosse Dativ) nichts auffälliges hat, zeigt die Übersetzung von Ps. 70, 2 inclina ad me aurem tuam: *neige mi ora thin*, wo Heyne freilich auch wieder ein *te* einsetzen zu müssen glaubt.

das feste Auftreten anschaulich und steht deshalb z.
B. vom Treten ins Schiff und aus dem Schiffe

2960 *antat sie obar bord skipes
stopun fan themu strome*
2910 *stop af* (C *fan*) *themu stamne.*

984 erscheint es im Kompositum:

*Krist up giuuet
fagar fon them flode fridubarn godes,
liof liudio uuard. So he tho that land afstop* . .

Sievers bemerkt dazu (S. 513, 2): »statt *afstóp* will Behaghel Germ. XXI, 144, *atstóp* setzen; *afstóp* lässt sich halten, wenn man es als »heraustreten« etc. aus dem Wasser, fasst«. An *atstop* ist wohl schwerlich zu denken; ich kenne wenigstens im Heliand sonst kein einziges fest mit *at* zusammengesetztes Verb. Doch ist es mir auch nicht gerade wahrscheinlich, dass die Bedeutung »heraustreten« mit dem Akkusativobjekt »das Land« zu vereinigen sei: C und P werden mit *ofstap* das richtige bieten, vgl. S. 47, Anm. 2.

rinnan und *ilian*, beide nur durativ, C 5896: *runnun obastlico* und C 5935 *ac ili thu nu ofstlico*.

Zu dem imperfektiven *springan* (z. B. 4579 *blod aftar sprang*) steht 710 das ingressive *anspringan* (für *antspringan*, wie C auch liest):

*Tho fon them droma ansprang
Joseph an is gestseli.*

sinkan ist durativ:

2946 *he an thene uuag innan
sank an thene seostrom.*

Mit *besinkan* weiss ich nichts sicheres anzufangen; vielleicht ist es perfektivisch empfunden worden:

C 5691 *than im that lif scridi,*
thiu seola besunki.

Dazu vgl. 3357: *besinkodun (sc. letha uuihti) is siole an thene suarton hel.* — Die entgegengesetzte Bewegung drückt *risan* aus, *stigan* bringt den Begriff des Gehens hinzu.

4503 *het im uuater dragan*
hluttar te handun, endi res tho the helago Crist
the gode at them gomun.

Sehr häufig begegnet dazu das ingressive *arisan*, z. B.

C 2201
hiet ina so alaiungan upp astandan,
arisan fan theru restun. Thie rinc up asat.

Als deutliches Resultativ aber giebt sich sofort *gestigan* gegenüber *stigan* zu erkennen, es wird auch, wie nhd. *ersteigen*, unmittelbar mit dem Akkusativ verbunden

1499 *that he moti eno up gestigan*
ho himilriki.

nahian erscheint nur im Partizip Praeteriti mit *gi*, sonst als duratives Simplex

4335 *than the lazto dag liudiun nahid* (vgl. 4345).

3671 *Tho nahide neriendo Crist*
the godo te Hierusalem

dagegen 4619
Thiu uurd is at handun
thea tidi sind nu ginahid (= sind da).

Merkwürdig, dass wir hier einmal die durative Handlung mit dem modernen komparativischen *nähern* logischer bezeichnen, während die alten Sachsen z. B sagten: *tho he im is iungron het gangan nahor* 579), wo wir weniger genau den Positiv verwenden würden.

Von *uuallan* wie von *thringan* ist ein Kompositum mit veränderter Aktionsart glücklich einmal belegt:

3687 *Tho uuel imu an innen*
hugi uuid is herte

aber ingressiv: (4071: Maria klagte),

antat themu godes barne
hugi uuard gihrorid: hete trahni
uuopu auuellun.

181: *erlos thrungun nahor mikilu*: durativ mit der komparativischen Näherung; aber perfektiv mit *thurh*

2303 *that sie ina fora that barn godes brengean ni*
mahtun,
gethringan thurh thea thioda.

Die transitiven Verba der Bewegung sind ihrer Bildung nach zum grossen Teil Kausativa und fallen als solche nicht mehr in das Gebiet der rein sinnlichen Vorstellung. *Bewirken, verursachen* sind ihre logischen Grundbegriffe; *dass etwas steht, liegt, sitzt, geht,* ist nur die Folge davon. Auch hier wird der Logiker überall im Stande sein, zwischen einer einfachen Thätigkeit des Gehenmachens, bei der es nicht auf den Augenblick der Vollendung ankommt, und einer perfektiven Bezeichnung dieser Thätigkeit zu unterscheiden: die Sprache thut das nicht mit gleichmässiger Entschiedenheit, geschweige denn mit gleichmässig entscheidendem Bewusstsein. Mischt sich doch auch hier die sinnliche Vorstellung des abhängigen Begriffs verwirrend in die geistige des übergeordneten, ja man kann getrost behaupten, dass bei den allermeisten dieser Wörter für den unbefangen sprechenden das sinnliche Element überwiegt. Der Grad dieser gegenseitigen Beeinflussung ist verschieden: in *senden* z. B. wird für die meisten der kausative, geistige Begriff verhältnismässig viel mehr in den Vordergrund treten als in *legen*, das wir wohl meist als rein örtlich empfinden. Dabei werden sich wieder verschiedne äussre Einflüsse geltend machen: bei dem genannten Beispiel wirkt wohl der Umstand mit, dass Wörter wie ahd. *sindan, sind* verloren gegangen sind, während sich unmittelbar neben *legen* im Sprachgefühl die sinnlichen Begriffe *liegen, Lage* u. s. w. reihen.

Kein Wunder also, wenn sich die perfektiven Formen dieser Wörter weniger klar als die vorangehenden entwickeln lassen werden.

Als Beispiel für einfaches *settian* diene die schlichte Einleitung des Dichters zum Abendmahl:

4499 *gome uuarhte*
sette sie suaslico endi im sagde filu
uuaroro uuordo

und 1405 fg.

Ni scal neoman lioht the it habad liudiun dernean
te hardo behuuelbean, ac he it hoho scal
an seli settean.

Mit diesen Stellen, wo der einfache Begriff des Setzens

zwischen andre oder andern gegenübergestellt wird, vergleiche man folgende beiden:

1080 *Let ina tho ledean thana liudscadon
 that he ina an Hierusalem te them godes uuiha
 alles obanuuardan up gisetta*[1]
 an allaro huso hohost

und 3351 *leddun inc ford thanen,
 that sie an Abrahames barm thes armon mannes
 siole gisettun.*

Erwartet man hier nicht in den beiden letzten Fällen nach dem durativen *ledian* beidemal ein auf das Ziel gerichtetes Verb? etwa den Begriff »bringen«? Also doch auch wieder perfektivische Verwendung der Partikel, logisch nicht notwendig, denn schon *settian* an sich wäre hier wie dort ein vollkommen genügender sachlicher Abschluss des *ledean* gewesen, aber willkommen. Wer möglichst genau übersetzen will, wird wohl das richtige treffen, wenn er das Simplex wiedergiebt durch *sitzen machen* (wobei der durative Begriff des Sitzens hervortritt), das Kompositum durch *sich setzen machen, machen, dass jemand zu sitzen kommt.*

leggian, imperfektiv z. B. 232:

*Tho he nahor geng,
 legda im ena boc an barm.*

3826 steht ein Partizip *gilegid*, zu dessen Erklärung ich nur auf die ähnliche Bedeutungsentwicklung von *gestalt, ungestalt* etc. verweisen kann:

---

[1] Ich bemerke, dass hier *gi* metrisch unentbehrlich war, während es in dem vorhergehenden Beispiele den C-Vers verschlechtert hätte.

*Tho frugode sie the helago Crist
aftar huemu thiu gelicnessi gilegid uuari.*

Nur im Partizip ist *stellian* belegt: *huand it so fasto uuard gistellit an themu stene* (v. 1813).

rihtian ist ursprünglich »recht, grade machen«, »machen, dass etwas grade steht«, C 5532 *Thuo sia thar an griete galgon rihtun;* meist übertragen, z. B. 5128 *te rihtiene that riki.* — 1595: *gerihti us that gerani* übersetzen wir mit anderm Bilde, aber ebenso perfektiv: *erkläre.* Hohe Gebäude errichtete man damals wie jetzt: *quadun that ni uuari godlikera rakud arihtid* (4278). Die beiden falschen Zeugen gaben an, Christus habe gesagt, er könnte den Tempel (5076) *thurh is enes craft up arihtien*[1] *an thriddion daga* (genau: machen, dass er zu stehen kommt).

Ein hübsches Beispiel für die Vermengung der Anschauungen bei diesen Kausativen bieten die Ortsadverbien bei *sendian*. Das einemal steht der Ausgangspunkt oder der Zielpunkt oder auch beide dabei, das andre Mal wird der Ort bezeichnet, wo sich das durative **siđan* der Gesendeten abspielen soll.

1873   *Nu ic iu sendean scal
    aftar thesumu landskepie.*

Dagegen 4888

that he mi so managan engil herod obana sandi.

ledian und *antledian*, führen und entführen, stehen gleich bei einander

---

[1] Derartige A-Verse, bestehend aus *up* und einem *a*-Kompositum, liebt der Dichter des Heliand ausserordentlich. Vgl. S. 33 A. 1.

7 0 4   *Nu scaltu inc an Aegypteo
land antledean endi undar them liudiun uuesan
mid thin godes barnu endi mid theru godan thiornun
uuonon undar themu uuerode, untthat thi uuord cume
herron thines that thu that helage barn
eft te thesum landsceepi ledian motis.*

Hier wie 756 liest C statt *antledean aledean*, weniger
sinnlich anschaulich, aber logischer, unmittelbar beide
Mal mit dem Ziel *an Aegypteo land* verbunden (vgl.
dazu S. 13). Vollkommen am Platze ist das ingressive
antledean und beide Hss. bieten es

4370   *ina* (Loth) *antleddun thanen
drohtines engilos endi is dohter tua.*

Perfektivisch ist *farledian*, ganz unserm *verleiten* entsprechend: 1506 *farledid liudi an lethan uueg.*

Das Simplex *forian* ist wieder durativ; hier ist
das logische Element ganz in den Hintergrund gedrängt. C 5509 *hietun sia Cristan thuo . . . selbon
fuorian.* 2308 *the thene lefna lamon lango fordun.*
Das einmal bezeugte *giforian* giebt sich deutlich als
Perfektiv zu erkennen, es ist soviel wie *bringen.* Der
Reiche in der Hölle bittet Abraham, Lazarus möchte
ihm kaltes Wasser bringen: 3368 *that he mi geforea
an thit fern innan caldes uuateres.*

Bei anderen Verben der Art wie *dopian* und *boknian* ist für mich kein Unterschied zwischen Simplex
und *ga-*Kompositum zu erkennen. Eigentümlich
tritt er aber zu tage bei *helean* »heil machen« und
zwar nach einer Seite hin. die wir im Heliand hier

zum ersten Male beobachten. 1811 *that sie mostin helean halte endi blinde*: der Augenblick der Heilung ist nicht betont, es ist schlechtweg von der Thätigkeit des Heilmachens die Rede. 1067: *Geheli thinna hungar*. 1966: *that hi thurftigumu manne thurst gehelie:* hier bezeichnet beide Male das Verbum eine ganz bestimmte, gleich vorzunehmende Handlung (kasuelles *ge*). ausserdem ist das Objekt anders geartet als in dem Beispiel mit dem Simplex: dort war die Ausübung einer Thätigkeit an Lahmen und Blinden gemeint. hier schliesst der energisch perfektive Verbalbegriff geradezu eine Vernichtung des Objekts ein. Die Scheidung zwischen allgemeiner und kasueller und die zwischen imperfektiver und perfektiver Thätigkeit laufen also neben einander her. Vgl. dazu S. 29, Anm. 2. — Partizip Präteriti nur *gihelid*.

botian bedeutet: besser machen bessern, heilen. gut machen (durch Busse wieder gut machen). 1177 *bottun bedium handun thiu netti*, d. h. sie waren mit dem Flicken der Netze beschäftigt, ähnlich lässt sich übersetzen 2358 *botta them thar blinde uuarun*. Wenn es aber im Gleichnis vom Splitterrichter 1709 fg. heisst

than maht thu aftar thiu
suases mannes gesiun sidor gebotean
gehelean an is hobde

so ist damit gemeint: dann erst wirst du im Stande sein. das Auge eines andern wirklich zu heilen, ganz zu heilen. Noch entschiedner perfektiv (und zugleich wiederum kasuell) 3497 *ni mag than mid odru godu gibotien thea dadi thea he so derbea gefrumide*. Partizip *gibotid*.

Wie Heyne es zweien von den drei bezeugten *gibotid* hat ansehen können, dass sie zu *botian*, dem dritten, dass es zu *gibotian* gehört, vermag ich nicht nachzufühlen.

Bei *don* und *frummian* im Heliand Perfektiv und Imperfektiv ihrer ursprünglichen Funktion nach auseinander halten zu wollen, ist für mich ein Ding der Unmöglichkeit. Mit der Übersetzung des Simplex durch »thun, machen« und des *gi-*Kompositums durch »vollbringen« ist es nicht gethan; noch weniger damit, bei all den Beispielen, wo das Kompositum steht, zu sagen: hier hat der Dichter die Perfektivität »betonen« wollen — ohne dass im geringsten ein durchgehender Grund dafür zu erkennen wäre. Auch die Scheidung zwischen dem einzelnen Fall und der Thätigkeit an sich hilft hier nur für einen Teil der Beispiele.

Wenig anders ist es mit *lestian*. Diese ungemein häufig gebrauchten, sinnlich abgeblassten Wörter lassen keine scharfe Scheidung mehr zu. Immerhin wird man einen leidlich deutlichen Unterschied in folgenden, besonders prägnanten Beispielen noch herausfühlen können:

C 3456   *duot im so te is uueroldi forth lestit*[1] *so an theson liohte.*

645   *Than eft uualdand god thahte uuid them thingu: he mahta athengean mer, gilestean*[2] *an thesum liohte.*

---

[1] Imperfektiv und allgemein gesagt: »handeln«.
[2] Perfektiv und kasuell: etwa »verwirklichen«.

Auch zwischen 4647 fg., wo Christus bei der Einsetzung des Abendmahls sagt:

*habbiad thit min te gihugdiun helag bilidi,
that it eldibarn aftar lestien
uuaron an thesaru uueroldi*

und 4484, wo die Pharisäer erfreut dem Judas Schätze versprechen

*Ef thu uuili gilestien so. quadun sie.
thin uuord giuuaron.*

Das Simplex *uuirkian* hat die Bedeutung »handeln, thätig sein. thun«:

C 77 *huand hie simblon gerno gode theonoda
uuarahta after is uuilleon*

Dem meist intransitiven Simplex gegenüber darf das nur transitive *giuuirkian* (*giuuerkon*) als lebendiges Perfektiv bezeichnet werden, das aber in verschiednen Stärkegraden auftritt. Man vgl. folgende Beispiele:

1512 *huuand he ni mag thar ne suuart ne huuit
enig har geuuirkean*

230 *thoh mag he bi bocstabon bref geuuirkean.*

Meist bedeutet es »schaffen«:

657 *thiu uuarun thurh Krista herod
giuuarht te thesero uueroldi*

1683 *liudi sint im lioboron mikilu thea he im an thesumu lande geuuarhte.*

Zuweilen ist es aber soviel wie nhd. *erwirken. auswirken*[1]:

---

[1] Vgl. S. 33 Anm. 1.

901 *so mag im thes godon giuuirkean
huldi hebencuninges, so huue so habad hluttra treuua.*

Daneben steht noch *verwirken,* auch schon im Heliand:
3851 (*Thu uuest*) *that allaro uuibo gehuilic
an farlegarnessi libes faruuarhti.*

Forian war das letzte der hier besprochnen kausativen Richtungsverba; an seinen kausativen Inhalt sind die Verba des Machens selbst angeschlossen worden. an seinen sinnlichen lassen sich von selbst *beran* und *dragan* anknüpfen. Beide sind oft belegt als imperfektive Simplizia wie als perfektive *gi*-Komposita. 106: *So he tho thana uuiroc drog*; 4611: *birid bittran hugi*; 2180: *tho sahun sie thar en hreo dragan . . beran an enaru baru.* Perfektiv und Imperfektiv stehen deutlich zu scheiden nebeneinander:

2307 *Tho bigunnun thea man sprekan
the thene lefnu lamon lango fordun,
barun mid is beddiu huo sie ina gedrogin fora
that barn godes.*

Zu dem imperfektiven *siu so subro drog . . . helagna gest* (331; vom Tragen im Mutterleibe) gehört das perfektive *He quad that an them selbon daga the ina saligna an thesan middilgard modar gidrogi* (zur Welt bringen, ge-bären). *giberan* und *gidragan* sind natürlich ganz gleichwertig: 2787 *the quene enig kind gibari.* Hier hat C *gidruogi,* dafür C 2789 *gibar,* wo M *gidrog* hat.

hebbian, imperfektiv, bedeutet »heben«, die perfektiven Komposita *gihebbian* und *ahebbian* »erheben«, *afhebbian* ursprünglich »abheben«, dann mit Verwischung dieser eigentlichen Bedeutung »erheben, anheben«. Das zeigen die Beispiele 2312: *hobun ina mid iro handun endi uppan that hus stigun.* C 5362: *so hue so . . ahabid ina so hoho.* 2883 *that sie ine gihobin te herosten.* C 3710 *thuo uuarth hlud stemna ahaban*, dagegen M 3710 *tho uuard hlud stemnie afhaben* (vgl. S. 33).

Zur Abwechslung wieder ein paar Intransitiva! *bidan*, warten, ist selbstverständlich an sich durativ, 2852 *That folc stillo bed.* Das einmal belegte Resultativ ist *gebidan*: die dritte Seligpreisung schliesst mit der Begründung: quoniam ipsi consolabuntur, *thie motun eft uuillion gebidan*, das sich vielleicht umschreiben liesse: bis zum Eintreten des Erhofften warten, erlangen.[1]

hafton (durativ) und *ahafton* (ingressiv; Heine: befestigt sein[?]) sind jedes im Heliand einmal belegt. 2500 *beginnid imu thiu godes lera an is hugi hafton* (sie beginnt fest zu sein); C 2520 *Bethiu thar uuahsan ni mag that helaga gibod godes, thoh it thar ahafton mugi* (Fuss fassen).

Bei *haldan* und seinen Komposita ist nicht mehr überall deutlich zwischen imperfektivem Simplex und perfektiven oder ingressiven Komposita zu scheiden. Intransitives »still halten« ist nur *haldan*; »inne haben, festhalten, bewahren« kann sowohl *bihaldan* (eigtl. umschlossen halten) und *gihaldan* (fest halten) und das Simplex *haldan* bedeuten. 365 heisst es von König David: *mosta haldan hohgisetu*, den Hochsitz, den Thron inne haben = regiren, 5251 von Herodes: *bi*

---

[1] Auch ags. ʒebidan heisst so oft gradezu »erleben«.

held thar ... *kuningdom*, er hatte die Königsherrschaft
inne. 2887 von Christus: *thit uueroldriki selbo giuuarhte
endi sidor giheld*, er hat es geschaffen und seitdem als
Herrscher inne gehabt. Eben an dieser Stelle aber
hat C *biheld*, und diese Vertauschung der beiden ganz
gleichwertigen Komposita findet sich noch einmal. wo
der Dichter mahnt, um die Seele besorgt zu sein. 1867
huo man thea gehalde (C *bihalde*) *te hebenrikea*. Und
wiederum wird ganz dasselbe, das Behüten der Seele,
ausgedrückt 1914 *huuand sie fader iuuua haldid helag
god an himilrikea*. Nun weist aber schon hier ein
äusseres Anzeichen auf den Unterschied der Aktionsarten hin. *gehaldan* und *bihaldan* sind 1867 mit *te
himilrikea* verbunden, d. h. mit dem Ziele, *haldan* dagegen 1914 mit *an himilrikea*, d. h. mit dem Ort. wo
sich das durative *haldan* abspielt. Man darf also für
das vorletzte Beispiel entschieden Perfektivität der
Komposita annehmen. — Das Partizip *bihaldan* (eigtl.
umschlossen) ist dann soviel wie: verborgen. 540 *ni
uuard it ... te thes kuninges hobe .. gimarid ac uuas
im so bihalden*.

bihaldan »verborgen« führt zu *bergan*. Hat Streitberg Recht, wenn er es unter die perfektiven Simplizia zählt? Das Gotische ist zu arm an Beispielen,
um eine sichre Entscheidung zu erlauben. Schon in
den Reichenauer Glossen findet sich *kiborgan* (als
Übersetzung von *latens*, also nicht eigentlich perfektiv,
geschweige denn dass das Simplex als Perfektivum
gefühlt worden wäre) und oft in ahd. Glossen *gipergan*
als Übertragung von *reponere*. Tatian hat einmal für
abscondere das Simplex, elfmal *gibergan*. Schon diese

Zahlen sprechen gegen die Annahme eines ursprünglich perfektiven Verbs. Vielleicht wirft die Gegenüberstellung von Simplex und Kompositum Licht auf den Unterschied zwischen beiden.

T 131, 26
Jesus autem abscondit se et exivit de templo — *her tho barg sih inti gienc uz fon themo tempale.*

T 143, 7
et abiit et abscondit se ab iis — *inti thana gieng inti gibarc sih fon in.*

Ganz deutlich, meine ich, hat der Übersetzer in dem ersten Falle das Perfektivum gemieden. Er hat gefühlt, dass es die Folge der Verba widersinnig erscheinen liesse, zu sagen: er versteckte sich (so dass er also nun fest verborgen steckte!) und — verliess den Tempel, da ihn die Juden steinigen wollten; dafür sagt er ungefähr: er beschäftigte sich mit dem Verbergen (= er suchte sich zu bergen) und ging aus dem Tempel. 143, 7 ist das Perfektivum dagegen ganz am Platze. — Im Heliand ist nur einmal *gibergan*, das Simplex gar nicht belegt. 831 *Maria al biheld, gibarg an ira breostun so huuat so siu gihorda ira barn sprecan.* Am deutlichsten giebt eine — zwar nicht as., aber doch nicht weit abliegende — Psalmenstelle über das Verhältnis von *bergan* zu *gibergan* Auskunft: LIV, 13 si is qui oderat me super me magna locutus fuisset, abscondissem me forsitan ab eo — *of thie, thie hatoda mi, ovir mi mikilu thing spreke, ic burge mi, so mohti gibergan fan imo.* Der Übersetzer hat hier sehr fein ausgedrückt — unendlich feiner, als es in forsitan lag. — was wir mit plumperen Mitteln etwa so wiedergeben müssten: ich würde mich bergen, würde die Handlung des Bergens machen, wenn ich mich ganz, bis zu dem Ende, dass er mich nicht sähe, vor ihm bergen, wenn ich mich vor ihm verbergen könnte. Nach alledem kann das westgermanische *bergan* im 9. Jh. nicht (mehr) für ein Perfektiv gehalten werden.

gispanan und *gimanon* zeigen deutlich ihre Perfektivität. *spanan* bedeutet einfach: locken, reizen. 1031 *Satanasan, the gio an sundea spenit*; 1493 *ef he ina an firina spanit* u. s. w. Das Perfektivum muss heissen: bis zu Ende locken, das Ende aber fällt zusammen mit dem Augenblick, wo der andre der Lockung nachgiebt, — durch Lockungen bewegen. Dabei drückt wieder *for* aus: zu etwas schlechtem. *gi* bezeichnet resultativ das Ergebnis der Handlung an sich. C 3454 *ni mag ina is likhamo an unspuod forspanan*; C 5648 *thena habdun sia . . farspanan mid spracon*. C 1 *the sia ira mod gespon* (bewog); 2719 *andred that he thene uueroldcuning spracono gesponi* (dahin bringe, dazu bestimme).

Genau so unterscheiden sich *manon* und *gimanon*. Das Simplex ist das blosse »mahnen« »zureden«, gleichviel ob mit Erfolg oder nicht. 2027 *Te hui sprikis thu thes so filu, manos mi far thesoro menigi?* Bei *gimanon* hat die Mahnung gewirkt: C 3487 *than ina lera godes gimanod an is muode*. Nicht klar mehr fühlen wir den Unterschied zwischen *mahnen* und *ermahnen*, eher scheint noch *gemahnen* die Wirkung des Mahnens mit einzubegreifen.

Tröstlich zureden ist *frobrean*, 4017 *uuif uueldun uuordun fruobrean*; wirklich trösten, Trost schaffen.

das Ziel des tröstlichen Zuredens erreichen, ist *gifrobrean*, C 4709 *thie scal iu eft gifruofrean endi te frumu uuerthan*.

Das imperfektivische *fragen* ist im as. *fragon*. C 5276 *Fragoda ina thuo thie folccuuing firiuuitlico*. *Erfragen* (result.) ist as. zwar nicht ein Kompositum zu *fragon* selbst, aber ein zu demselben Stamme gehöriges *gi*-Kompositum: *gifregnan*. Dass man die alte Zusammengehörigkeit nicht mehr empfand, daraus erklärt es sich, dass der Begriff des Fragens in dem Worte immermehr zurücktreten, ja ganz verschwinden konnte, so dass *gifregnan* schliesslich im Heliand bedeutet: »erfahren, hören«. 288 *So gifragn ik that that uuif antfeng that godes arundi* und 1992 *so hue so thiu spel gefrang*, sie hörte.

biddean. Heyne glaubt auch für das Simplex die Bedeutung »erbitten« ansetzen zu müssen; das scheint unmöglich und ist auch bei Lichte besehen gar nicht nötig, denn C 5412 *huederon sia thera tueio ... uueldin ferahes biddian* darf ohne Anstoss übersetzt werden: um welchen sie bäten. Vgl. noch 2756 *so hues so thu mi bidis* (impf.), C 5407 *that sia enna haftan mann abiddian scoldun* und 3341 *he ni mahta gebiddien that* etc. (resultativ).

Zwischen *bitan* und *anbitan* (auch *antbitan*) scheint ein ganz ähnlicher Unterschied zu bestehen wie zwischen *drinkan* und *gedrinkan*.

2142 *Thar mag man gehorien helidos quithean*
  thar sie iro torn manag tandon bitad.
Das ist die einzige Stelle, wo das Simplex deutlich imperfektivisch, begegnet. Dagegen sind die momen-

tanen Komposita öfter belegt, z. B. 126 *That ni seal
an is licu gio lides anbitan* und 1051 *So he thar mates
ni antbet.* — C 5641 *gihordun thena helagun Crist drincan biddian*, dagegen 2048 *Reht so hi tho thes uuines
gedranc ut autem gustavit. etan* steht zweimal imperfektiv neben *drincan*, wo nur das Essen und Trinken
an sich bezeichnet werden soll.

Für *freson* giebt Heyne die entschieden perfektive
Bedeutung an: zu Schaden bringen. Das heisst aber
gifreson, während das Simplex nur etwa soviel ist wie
»nachstellen« und sich dem imperfektiven *ahtian* vergleichen lässt. 772 fg. *he uuelde is ahtien giu, freson
is feruhas. gifreson* begegnet nur einmal und zwar
auch eben wieder nach negirtem *mugun*. *hie ni mahte
is libes gifreson* sagt Pilatus von Herodes, dem Jesus
überschickt worden ist.

blojan und *giblojan* entsprechen genau unsern
Verben *blühen* und *erblühen*. 4340 *Than sia brustiad
endi bloiat endi bladu togeat* wenn sie aufbrechen und
(nun) blühen und ihre Blätter weisen. 1674 darf
berhtlico gebloid nicht etwa übersetzt werden »geblüht
habend«, sondern heisst: herrlich erblüht; es ist von
den Lilien auf dem Felde die Rede.

Noch einige Verba, die eine geistige Thätigkeit
bezeichnen.

uuitan ist durativ, 2427 *Uui uuitun that thinun
uuordun uuarlic bilidi ford folgoiad*. Ingressivum dazu
ist *undaruuitan* (S. 48), also soviel wie erkennen:

 1667 *Huuat, gi that bi thesun fuglun mugun
  uuarlico undaruuitan.*

Noch deutlicher durch eine Parallele

2688   *that sie mahtin thene uualdandes sunu
Krist antkennian — he ni uuas iro er cud enigumu-
that sie ina tho undaruuissin.*

huggian bedeutet »denken, gesinnt sein« (absolut) und mit einem im Genitiv stehenden oder durch eine Präposition verbundenen Objekt: an oder auf etwas denken, auf jemand hoffen. Das Perfektivum dazu muss zunächst bedeuten: bis zu Ende denken, d. i. soviel wie: nicht vergessen, immer eingedenk bleiben, woraus sich dann »sich erinnern« entwickeln kann. Soll die Beziehung auf ein Ziel des Nachdenkens betont, soll auf den Erfolg, auf das Resultat der Denkthätigkeit hingewiesen werden, so könnte dieses als Objekt zu dem Perfektivum treten, wir würden dann »erdenken« gebrauchen. Alle diese Bedeutungen vereinigt *gihuggian* in sich. »Sich erinnern« ist es 4997 *gihugde thero uuordo tho* da fielen ihm jene Worte ein; effektiv 3062 *ni mahtes thu that sello gehuggean* caro et sanguis non revelavit tibi.

Oft ist das durative *thenkean* belegt, z. B. 302 *bigan im tho an is hugi thenkean,* ebenso 314, mehrmals in der hübschen anschaulichen, gewiss alten Wendung *thahtun endi thagodun* z. B. 1284, 1386, 3872. An Perfektiven dazu fehlt es ebenfalls nicht:

723   *quad that he is mahti betaron rad
odran githenkien* (erdenken)

Zu *sehan* giebt es eine Menge mit *gi* zusammengesetzte Formen, die sich freilich beim besten Willen nicht mehr deutlich als Ingressiva oder Perfektiva erkennen lassen.

125 *uuas im niud mikil
that sie selbon Krist gischan mostin* —

hier übersetzt man vielleicht besser »dass sie erblickten« als »dass sie sähen«. Wenn es aber heisst, man solle das Licht nicht unter den Scheffel stellen, sondern hoch setzen

1407 *that thea gesehan mugin
alla gelico thea thar inna sind*

so ist wohl hier nicht »erblicken« gemeint, sondern es liegt eher das kasuelle *ge* der Sätze vor, deren Inhalt von mehreren Personen in demselben Sinne gilt. Über Vermutungen werden wir hier kaum hinauskommen. Ebenso ist mir wenigstens eine reinliche Scheidung zwischen *horean* und *gihorean* nicht mehr möglich gewesen.

Zum Schlusse hier noch das merkwürdige *gomean*. Streitberg hat got. *gaumjan* als perfektivisch nachgewiesen; er hielt es noch für ein Simplex, Johansson hat es dann (Beitr. XV, 228) wohl treffend als *ga*-Kompositum erklärt: die gotische Perfektivität des Wortes ist gesichert. Im as. davon keine Spur. *gomean* ist hier durchaus durativ und bedeutet: Acht worauf haben, etwas hüten, 4149 *that he thes godes huses gomien scoldi, uuardon thes uuihes*. Daneben findet sich die engere Bedeutung: der Gäste warten, bewirten, z. B. 2065 in der Redensart *gebon endi gomean*. Deutlich giebt sich als Perfektiv zu erkennen das nur einmal (C 2562) belegte *gigomean*:

huand gi biuuardon ni mugun,
gigomean an iuuuon gange, tho gi it gerno ni duan,
ni gi thes cornes te filo kitho auuerdiat.

Hier ist also ein Beispiel von völligem Wechsel der Aktionsart im Anschluss an Verdunkelung des etymologischen Wertes und Zusammenhanges eines Wortes.

2. Perfektive Simplizia.

Obwohl hier die Wurzel schon die Beziehung auf einen bestimmten Punkt oder Augenblick der Handlung — es ist hier meist der Endpunkt — in sich trägt. begegnen doch von den meisten dieser an sich perfektiven Verba im Heliand noch perfektivische Kompositionen. Es liesse sich eine doppelte Erklärung dafür aufstellen. Entweder hat man in den Verben selbst das perfektive nicht mehr gefühlt, oder die Komposition bedeutet nicht eine Perfektivirung. Man darf nun wohl nach dem Vorangehenden überzeugt sein, dass die Komposition, besonders mit *gi*, für den Dichter des Heliand nicht mehr der lebendige, vor allen Dingen nicht mehr der klare Quell der Perfektivirung gewesen ist. wie für Wulfila; trotzdem möchte ich aber auch an eine Verblassung der Verba *geben*, *werden* u. s. w. glauben, also ein Zusammenwirken beider Umstände annehmen.

brengian ist deutlich perfektivisch in 338 *that siu ina an manno lioht allaro barno bezt brengean scolda*, es entspricht genau den perfektiven Kompositen *giberan* und *gidragan*. Aber *brengian* wird auch mit dem durativen *führen* auf eine Stufe gestellt worden sein.

dadurch erklärt sich wohl am einfachsten die nicht seltene Perfektivirung(?) durch *gi*:

1095 *Let ina tho an thana thridden sid thana thiodscadon gibrengen uppan enan berg then hohon: thar ina the balouuiso let al obarsehan irminthiode.*

So braucht auch 553 *gi* nicht angefochten zu werden, obwohl das Gefühl des Schreibers von C sich dagegen gesträubt zu haben scheint: *huilic sie arundi uta gibrahti* (C *brahti*).

Zu *geban* begegnen nicht weniger als vier perfektivische Komposita. *gigeban* ist allerdings im Heliand nur als Partizip und nur einmal belegt. C 5856: *huo hie scoldi gigeban uuerthan ... an .. hetandero hand.* Wir würden vielleicht übersetzen »übergeben«, und eben diesen Begriff des Auslieferns, wo also der Augenblick entschieden betont ist, will wohl auch der Psalmenglossator ausdrücken, wenn er LXII, 11 tradentur in manus gladii wiedergiebt mit *gegerona uuerthunt an handun suerdes*. Ähnlich scheint *ageban* den Augenblick der Übergabe und mit ihm das feste, unwiderrufliche zu bezeichnen (wie nhd. *ergeben*), das sich in dem Augenblicke vollzieht: es reute Judas (5145), *tho he ageban gisah is drohtin te dode*, C 5426: *hie thesa uuerold agaf.* Auch *afgeban* und *forgeban* sind perfektivisch, dabei wird hier der Begriff der Trennung besonders deutlich. 4622 *afgaf ina tho thiu godes craft* (vgl. nhd. *aufgeben*). *fargeban* kann dem Simplex ziemlich gleich kommen, doch hat es überall einen feierlicheren Charakter als dieses, etwa wie unser *ver-*

leihen. 1840 *he im geuualt fargab,* Mt. 10, 1 Dedit illis potestatem und sonst. Mit Worten etwas vergeben ist soviel wie: es verheissen; die Strafsumme jemand schenken, die Busse ihm erlassen ist übertragen: ein Unrecht, eine Sünde vergeben: in der letzten Bedeutung tritt wieder das *far* = bei Seite hervor.

Rein hat sich *fîdan* erhalten: es giebt as. weder ein *gefîdan* noch ein *gefundan*. *antfindan* wird nur von geistigem finden, bemerken gesagt: wahrnehmen, inne werden. Ebenso *undarfindan*.

Auch *kuman* ist geblieben, was es war; es kennt im Heliand keine *gi*-Form. Es wird gleichbedeutend mit andern Perfektiven gebraucht, z. B. an folgenden beiden Stellen:

625 *that scoldi fon Bethleem   burgo hirdi
liof landes uuard an thit lioht cuman*

d. i. faktisch soviel wie geboren werden.

581 *that al sidor quam* (folgt *giuuard* — eintraf — *an thesoro uueroldi*). Weiterbildungen sind *farkuman,* vergehen, und *akuman,* das C 5869 begegnet:

*uuarun im so acumana thuo noh
gie so forahta gefrumida*

sie waren so ausser sich gekommen(?)[1] und in solcher Furcht.

---

[1] Oder hat hier *a* seine prägnante lokale Kraft wie in *astandan, arîsan* u. s. w., so dass sich das intransitive *erschrecken* vergleichen liesse? Mit dieser Annahme lässt sich aber das got. *usqiman* schlecht vereinigen; über dieses s. Delbrück, idg. Synt. S. 262.

Das einfachste perfektive Simplex scheint im gotischen *letan* zu sein, wenigstens hat es sich Streitberg von allen Verben mit ihm am leichtesten machen können; er sagt: »*lêtan* »verlassen« fixirt den Moment der Trennung; es trifft in der Bedeutung mit *afgaggan*[1] zusammen«. Beispiele führt er nicht an. Im alts. ist die Sache nicht so kurzer Hand zu erledigen. Abgesehen davon, dass »verlassen« wohl die jüngste der Bedeutungen von »lassen« ist — ursprünglich ruht der Lassende, das Objekt geht von ihm — begegnet von dem Verbum im Heliand *gilatan* (nur als Partizip), das perfektive *alatan*, das allerdings dann auf eine bestimmte geistige Bedeutung eingeschränkt worden ist, und das nicht minder perfektive *fralatan*, das doch mindestens überflüssig wäre, wenn *latan* an sich »verlassen« bedeutete. Als Beispiel für den einfachsten Begriff des Verbs diene:

C 5656 *Firio drohtin*
gihnegida thuo is hobid,   helagon athom
liet fan themo likhamen.

2188 *ne habda uunnea than mer, biuten te themu enagun sunie al gelaten.* — C 2517 *Sum habit all te thiu is muod gilatan.* Seine Freude, seine Gedanken an etwas lassen, an etwas legen; wenn das Simplex die Bewegung von dem Subjekt weg bezeichnet, so kann man *gilatan* hier ganz gut als perfektiv deuten: bis an ein bestimmtes Ziel von sich lassen. *alatan* bedeutet frei-

---

[1] Schon dass es gewöhnlich das griech. ἀφιέναι (nicht ἀπιέναι!) übersetzt, hätte vor dieser Angabe warnen können.

lassen und tritt dreifach konstruirt auf: a) jemanden freilassen von der Strafe (d. i. ihm die Strafe erlassen) — b) analog *fargeban* verbunden mit dem Dativ der Person und dem Akkusativ der Sache — c) in der Mischkonstruktion: jemandem einer Sache (gen.) *alatan*, *farlatan* = etwas zum Schaden lassen, unterlassen: 2116 *that sie thes ne uuord ne uuerc uuiht ne farlatad*, doch auch überhaupt: weg-, freilassen: 5091 *ni uuilliad mi forlatan bethiu*, und: von sich abthun, ablegen: 900 *so huue so that men forlatid*. Die letzte Bedeutung endlich ist »verlassen«, die Streitberg als die ursprüngliche Bedeutung des Simplex *letan* ansetzt; ich habe mich vergeblich nach gotischen Beispielen dafür umgesehen.

Zwischen *niman* und *giniman* wie zwischen *quedan* und *giquedan* wird niemand den blossen Unterschied der Aktionsart für alle Beispiele nachweisen wollen. Gerade hier aber — wie ja auch in anderen germanischen Sprachzweigen — scheint mir zu einem Verständnis der einzelnen Stellen oft die Annahme zu verhelfen, dass das *gi*-Kompositum mehr sei, intensiver sei als das Simplex; dass die Bedeutung »ganz, bis zu Ende« unmittelbar zu der intensiven Bedeutung hinüberführt, wird doch Streitberg im Ernst nicht leugnen wollen. Schon eine Reihe von Beispielen von got. *ganiman* vermag ich mir nicht anders zu erklären; Streitberg fasst dieses *ga* als zusammen, womit man aber nicht auskommt. Das ganze reiche Kleinleben des Präfixes lässt sich eben nicht in den zwei Fächern »perfektiv« und »lokal« unterbringen.

Nicht wundern darf es endlich, wenn *uuerđan*,

das schon auf dem Wege ist zum rein formalen Hilfsverb herabzusinken, da wo der Augenblick des Werdens ins Auge springt, mit *gi* verstärkt oder wenn man will neu perfektivirt wird. 2485 *uuirdid the man gode* bezeichnet einfach die Thatsache des Zuteilwerdens; 3692 *thu te uuarun ni uuest thea uurdegiskefti the thi noh giuuerđen sculun* die dich noch treffen werden. Ähnlich lassen sich gegenüberstellen 2074 *that uuard thar uundro erist* und 582 *that al sidor quam, giuuard an thesaro uueroldi* oder 279 *ni uuard sconiera giburd* und 4378 *Huand so huan so that geuuirdid that uualdand Krist kumit* (Mt. 25, 31 Cum autem venerit filius hominis). Aber was wollen diese wenigen ausgesuchten Fälle sagen? Im grossen und ganzen ist in der That zwischen *uuerđan* und *giuuerđan* nur der eine Unterschied, dass auf dem Kompositum etwas mehr Nachdruck liegt. Selbst *giuuordan* hat der Heliand schon (171), wieviel später erscheint das im Hochdeutschen! Über *auuerđan* und *faruuerđan* s. S. 33.

bergan und *gomean* sind schon behandelt worden, so bliebe nur noch *blandan* hier zu betrachten. Darüber lässt sich aus dem Heliand ebensowenig wie aus dem Gotischen ein sichres Ergebnis gewinnen; es ist nur zweimal als Partizip *giblandan* zu belegen, das gegen ursprüngliche Perfektivität nicht sprechen kann, wenn man bedenkt, dass die meisten perfektiven Simplizia in der as. Sprache des Heliand wieder mit einem *gi* erscheinen und dass gerade das Partizip Praeteriti diese Verbindung schon in weitem Umfang bevorzugt.

3. Simplicia durativa.

Eine scharfe Grenze zwischen nicht perfektivirbaren durativen und bloss zufällig imperfektiven Simplizien ist wohl nicht zu ziehen, erkennt doch auch Streitberg in *qiþan* eben das »Perfektiv« zu (dem nicht perfektivirbaren?) *rodjan* u. ähnl.

Diese Durativa lehren wenig, ich behandle sie deshalb aufs Kürzeste. Zunächst gehören hierher alle Verba, die einen Zustand, eine Eigenschaft, einen Besitz bezeichnen. Die as. Beispiele dafür sind z. T. (s. *uuonon*, *haldan* u. a.) schon im ersten Abschnitt dieses Teiles betrachtet worden, hier mag noch kurz auf folgende hingewiesen werden, bei denen kein Perfektivum begegnet.

haton feindlich sein, verfolgen C 5423 *sia thuru nithscipi neriendon Crist hatoda*. *hettian* bedeutet dasselbe, es begegnet fast immer im Partizip Praesentis (vgl. hd. *viant*), z. B. C 5488 *Ageban uuarth allaro gumono besta hettendion an hand*. Der Gegensatz dazu ist *friohan*, das nur C 1451 vorkommt (*friehan is friundo gihuena*. Zu *blidon* »fröhlich sein« liesse sich ein ingressives »in Freude geraten« wohl denken; so stehen ja auch dem durativen *forhtian* »in Furcht sein« und seinen durativen Umschreibungen *forht uuesan* und *an forhton uuesan* die ingressiven Begriffe gegenüber *forht uuerthan*, *an forhton uuerthan*, genau wie im ags.

Auch die Äusserungen eines Gemütszustandes sind an sich immer imperfektiv: *hiobau*, *hriuuon*, *gnornon*, *gornon* und *grornon* bedeuten klagen, trauern, *grimman* toben, *gratan* weinen, *hlahhian* lachen, *faganon* froh sein, jubeln, *galpon* laut rufend sich brüsten — wozu sich überall doch Ingressiva denken liessen, wie z. B. ags. *ahliehhan gehreowan*. Das allgemeinste Wort, das hierher gehört, sieht beinahe aus wie ein Perfektivum: *gibarian*; es ist natürlich von *gibari* gebildet.

Den Besitz bezeichnet durativ *egan*; zu *uuesan* giebt es im Heliand noch keine *gi*-Formen.

III. Syntaktische Beziehungen.

Die Darstellung des Verbums hat sich in absteigender Linie bewegt. Ich habe mit sinnlichen Wörtern begonnen, wo in der That die Präfixe alle, auch *gi*, meist in bestimmter Bedeutungskraft zu erkennen waren; bei den Verben, wo ein geistiges Moment hereinspielt, und im Gebiet der perfektiven Simplizia hat sich dann immer mehr herausgestellt, dass oft keine klare Anschauung zu gewinnen ist und dass besonders *gi*, *ge* oft nur ein kaum noch wahrnehmbares Plus in dem Kompositum gegenüber dem Simplex schafft. Wie weit diese Bedeutungsschwäche der Partikel *ge* im Heliand geht, dafür hier noch ein bezeichnendes Beispiel:

3863 *uueldun sie so huederes helagne Crist
thero uuordo geuuitnon*

4223 *uueldun ina craftigna
uuitnon thero uuordo.*

Wer wird hier einen Unterschied behaupten oder gar charakterisiren wollen?

Ferner bedenke man, wie *gi* seine Stellung im

Partizip Präteriti gegenüber dem Gotischen befestigt hat. Ganz fest ist es hier bei allen den Verben, die »zu etwas machen« bedeuten. Auch darauf verdient in diesem Zusammenhange hingewiesen zu werden, dass im Heliand eine Reihe *gi*-Partizipia begegnen, die rein durativen Charakter an sich tragen: *gigamalod*, *gialdrod* heissen »alt«, *mid suhtion giserid* »krank«, neben *frod* steht unterschiedslos *gifrodod* u. s. w.

Den lebhaftesten Ausdruck aber findet die Schwäche des Präfixes in folgender Thatsache, die Sievers Zs. f. d. A. XIX S. 71 festgestellt hat: C hat 21mal ein *gi* weniger als M und umgekehrt M 18mal ein *gi* weniger als C. Sievers fragt dazu: »Wo soll man da (abgesehen von ein paar Stellen wie 184, 229, wo parallele Wendungen einigermassen entscheiden helfen) bei dem schwankenden Gebrauch dieser Partikel Verderbnis, wo Konservirung des ursprünglichen erkennen?« In der That ist eine sichre Entscheidung fast nirgends möglich; man wird fast überall für und gegen beide Lesarten etwas sagen können. Behaghel hat in seiner Ausgabe in diesen Fällen durchaus die Lesarten von M, wohl unbesehen, aufgenommen, die ich auch im ganzen für die weniger anfechtbaren halte.

Die Frage, ob das Perfektivum etwa zum Ersatz der im Germanischen verloren gegangenen Zeitstufen (Aorist und Futurum) diene, hat Streitberg für das Gotische entschieden bejaht. Und wirklich kann darüber kein Zweifel bestehen, dass der griechische Aorist und das germanische Momentankompositum in der Aktionsart übereinstimmen.

Dagegen hat mich Streitbergs Darstellung von der Verwendung des perfektiven Präsens zum Ausdruck der zukünftigen Handlung nicht überzeugt. Schon deshalb nicht, weil nach seiner Ansicht auf der Perfektivität im engern Sinn diese Möglichkeit der Wiedergabe des Futurums beruhen soll, und dann bringt er unter den Beispielen reine Ingressiva, auf die seine Grundbedingung gar nicht zutrifft. Und wie gering ist die Zahl seiner Belege der Menge von Fällen gegenüber, wo das Futurum unausgedrückt bleibt! Dabei werden auch seine Beispiele bei genauem Zusehen noch zusammenschmelzen.

So sieht zwar Streitberg in zwei *frawilwan*, die einem griechischen Futurum entsprechen, einen Zukunftbegriff, daneben aber muss er die Thatsache feststellen, dass dasselbe *frawilwan* auch zweimal einem griechischen Präsens entspricht. Die dadurch sich ergebende Schwierigkeit hat er natürlich bemerkt und sie auch zu beseitigen versucht. Über Joh. X, 12 *sa wulfs frawilwiþ þo* (αρπάζει) sagt er: »Der Zusammenhang ist so geartet, dass man hier sehr wohl einen Zukunftbegriff annehmen kann.« Er schiebt dabei Wulfila, gegenüber dem griechischen Text, seiner Theorie zu liebe, »einen Zukunftbegriff« unter, den der Zusammenhang grade meiner Ansicht nach unmöglich macht. Christus schildert den schlechten Hirten: *gasaihviþ wulf qimandan jah bileiþiþ þaim lambam jah þliuhiþ, jah sa wulfs frawilwiþ þo jah distahjiþ þo lamba*. Wo soll hier das Futurum herkommen? Das ganze ist eine aufreihende Schilderung und *frawilwiþ* heisst zeitlos: er reisst weg. Ebenso leicht findet sich Streitberg mit

M. XI, 12 ab: καὶ βιασταὶ ἁρπάζουσιν αὐτήν: *anamaht-jandans frawilwand po*. Es ist dieselbe Art der Schilderung wie in dem vorhergehenden Beispiel. Streitberg aber betrachtet die Sache vom slavischen Standpunkt aus und meint: »Hier war, wie auch das abg. lehrt, der Gebrauch des Perfektivs notwendig; aber während dieses das perfektive Iterativ *vŭschytajątŭ* anwenden konnte, blieb dem got. nichts übrig als das einfache Perfektivum zu wählen.«

Die ganze Vergleichung mit dem Futurum rückt vollends in ein befremdliches Licht, wenn man bedenkt, wie scharf sich Streitberg gegen die Gewohnheit ausspricht, die *ge*-Präterita des Mhd. mit dem Plusquamperfektum zu übersetzen. Den Unterschied zwischen der Zeit und der Art der Handlung, den er da aufs konsequenteste verficht, verwischt er selbst mit seinen Bemühungen, das got. perfektive Präsens als einen geeigneten Ersatz für das griechische Futurum nachzuweisen.

Und welche Antwort giebt der Heliand auf diese Tempusfrage? In dem oben (S. 23 Anm. 1) angeführten Buche hat v. d. Ven den Versuch gemacht, die Anschauungen Streitbergs unmittelbar auf den Heliand zu übertragen. Seine Ergebnisse werden sich schwerlich halten lassen; hier sei nur auf folgendes aufmerksam gemacht. In einem einleitenden Paragraphen bringt er zunächst S. 153 Beispiele dafür, dass die Präsensform des Perfektivs dazu diene, die Zukunft auszudrücken.

1. 1349 »*thie forslitat iro wunnia her skulun* (?): die zullen verteerd hebben . . zullen.« (:) *forslitad*

halte ich für ein durchaus zeitloses Perfektiv; der Sinn des Satzes ist: sie vergeuden hier ihre Reichthümer. Man höre die Fortsetzung: *geniudot sie genoges: sculun eft narouuaro thing aftar iro hinferdi helidos tholoian*. Mit *sculun eft* beginnt der Dichter deutlich genug von der Zukunft zu reden, vorher schildert er Zustände, die für alle Zeiten als gegenwärtig gedacht sind.

2. 4311 »*gisuercat siu bethiu — zal beiden benevelen*.« In der That heisst die Heliandstelle weiter nichts als: sie werden ganz finster, vgl. die präsentische Fortsetzung dieser Prophezeiung

mid finistre uuerdad bifangan; fallad sterron,
huit hebentungal, endi hrisid erde,
biuod thius brede uuerold u. s. w.

Wie wächst die poetische Kraft der Stelle für unser Gefühl, wenn das alles im Präsens dargestellt wird!

Diesen Beispielen (und einem dritten, das ebenso wenig beweist) sind zwei Anmerkungen angehängt. 1. Auch andre Vorsilben als *ge* können perfektiviren, daher ist 3072 *ik fargebu thi himiles slutilas* = ik zal dij geven des hemels sleutels. — In der That scheint hier auf den ersten Anblick ein Futurum vorzuliegen (Dabo tibi u. s. w. entspricht im lat. Text). Während aber *fargeban* sonst überall im Heliand durch seine feierliche Höhe charakterisirt ist, soll es hier auf einmal dem Futurum zu liebe gesetzt worden sein? — Die 2. Anmerkung enthält Beispiele für Futura, die durch perfektive Simplizia ausgedrückt wären; natürlich beweisen auch sie nichts.

Das Präteritum des as. Perfektivs vertritt nach v. d. Ven Perfekt, Plusquamperfekt und Passé défini. Das letzte ist richtig. Ein deutliches Plusquamperfektum, wie wir es durch die lateinische Grammatik zu empfinden gelernt haben, halte ich im Heliand überall da für unmöglich, wo nur eine Präteritalform eines Perfektivs im Text steht. Selbst das mhd. *do er gaz* ist, glaube ich mit Streitberg, nie dasselbe gewesen wie unser *als er gegessen hatte*.

Wie aber hilft sich denn nun der Dichter des Heliand, wenn er die Handlung ausdrücklich als zukünftig bezeichnen will? Er hat doch den Unterschied der Gegenwart und der Zukunft bewusst empfunden! Mindestens muss er ihm am Lateinischen klar geworden sein!

Eine einheitliche Umschreibung, wie sie die nhd. Schriftsprache in *werden* hat, besitzt er noch nicht. Oft kommt es ihm da, wo die lateinische Vorlage ein Futurum darbot, gar nicht darauf an, die Zukunft besonders hervorzuheben, und er begnügt sich mit dem einfachen Präsens. So ist z. B. Nec ego te condemnabo 3892 wiedergegeben: *Ne ik thi geth ni deriu neouuiht*. So ist auch die ganze Schilderung des jüngsten Gerichtes (4308 ff.; nach Mt. 24, 28 ff. sol obscurabitur etc.) in imperfektivischen Präsentien gegeben, und man könnte sagen: dass der Dichter das Zukünftige wie lebendige Gegenwart schildert, stellt ihn als Dichter um so höher, wenn diese Präsentia ihm nicht das nächstliegende gewesen wären. Der poetische Ruhm gebührt der Sprache seiner Zeit.

Ein bequemes Mittel, die zukünftige Zeitstufe

dem Begriffe des Verbums beizufügen, ist ein kleines leichtes Adverb der Zeit, das denn auch der Dichter mit Vorliebe zu diesem Zweck zum Praesens setzt: *than*. Mt. 19, 21 *et habebis thesaurum in caelo* giebt er 3287 wieder: *than habas thu .. hord an himile*. Ebenso entspricht der Prophezeihung L. 19, 43 *circumdabunt te et coangustabunt te undique* im Heliand *Than ni habas thu fridu huergin*[1] etc. Mt. 6, 14 u. 15: *dimittet et vobis pater vester caelestis delicta vestra*, .. *nec pater vester dimittet vobis pecata vestra* wird wiedergegeben 1618 ff. mit den Worten: *than alatid iu uualdand god ... firinuuerk mikil* und *than ne uuil iu oc uualdand god grimuuere fargeban*.[2]

Damit bietet sich eine andere Möglichkeit, die zukünftige Handlung zu bezeichnen, die Umschreibung durch Hilfsverba. Dass diese aber eigentlich nicht genügend im Stande waren, die veränderte Zeitstufe mit auszudrücken, beweist, wie in dem letzten Beispiele, die häufige Hinzufügung von *than*. *Quaerite et invenietis* (L. 11, 9) giebt der Dichter des Heliand in seiner breit umschreibenden Weise, die gern erklärt, am liebsten durch ein Beispiel erläutert, wieder in den Versen:

1795   *Sokead fadar iuuuan*
    uppan themu euuigon rikea: than motun gi
              ina aftar thiu
te iuuuoro frumu filhan.

Von den übrigen Hilfszeitwörtern dient *uuillian* (3077

---

[1] Sievers vergleicht Tatian S. 448.
[2] Für *than* steht in feierlicherer Rede *noh*, auch *eft*.

huene thu gebinden uuillies — *quodcunque ligaveris* Mt. 16, 19), auch wohl *thurfian* und *mugan*,[1] besonders aber *skulan* zur Umschreibung der Zukunft: 126 *That ni scal an is liua gio lides anbitan*, 3307 *Huat sculun uui thes te lone nimen* (*quid ergo erit nobis* Mt. 19, 27) etc. Es braucht nicht versichert zu werden, dass diese »Hilfsverba« noch längst nicht zu rein formellen Dienern herabgesunken sind; sie haben alle noch von ihrer eigentümlichen Bedeutungskraft.

Über das Perfektivum in Nebensätzen im Heliand ist endlich zweierlei zu bemerken:

1. In allgemeinen Sätzen stehen bereits gern[2] *gi*-formen, ohne die Bedeutung des Simplex inhaltlich wesentlich zu verändern. Man darf wohl vermuten, dass hier das kasuelle *gi* teils als solches, teils unbewusst in derartigen Sätzen weiter wuchernd vorliegt. Vgl. S. 29, Anm. 1.

2. Nach einer Konjunktion finden sich Perfektiva mit Vorliebe ein: nach *anthat;* hier streifen sie an die Regel. Ihre Erklärung findet diese Thatsache in dem Wesen aller momentan charakterisirten Verba.

[1] Vgl. die §§ 4 u. 5 aus Pratjes Heliandsyntax, Ndd. Jahrb. XI, 1 fg.

[2] Doch fehlt noch sehr viel daran, dass diese Erscheinung das regelmässige wäre.